Inna Bode

Betriebliche Gesundheitsförderung: Der Beitrag von Work-Life-Balance Konzepten

Diplomica® Verlag GmbH

Bode, Inna: Betriebliche Gesundheitsförderung: Der Beitrag von Work-Life-Balance Konzepten. Hamburg, Diplomica Verlag GmbH 2012

ISBN: 978-3-8428-7333-9
Druck: Diplomica® Verlag GmbH, Hamburg, 2012

Bibliografische Information der Deutschen Nationalbibliothek:
Die Deutsche Nationalbibliothek verzeichnet diese Publikation in der Deutschen Nationalbibliografie; detaillierte bibliografische Daten sind im Internet über http://dnb.d-nb.de abrufbar.

Die digitale Ausgabe (eBook-Ausgabe) dieses Titels trägt die ISBN 978-3-8428-2333-4 und kann über den Handel oder den Verlag bezogen werden.

Dieses Werk ist urheberrechtlich geschützt. Die dadurch begründeten Rechte, insbesondere die der Übersetzung, des Nachdrucks, des Vortrags, der Entnahme von Abbildungen und Tabellen, der Funksendung, der Mikroverfilmung oder der Vervielfältigung auf anderen Wegen und der Speicherung in Datenverarbeitungsanlagen, bleiben, auch bei nur auszugsweiser Verwertung, vorbehalten. Eine Vervielfältigung dieses Werkes oder von Teilen dieses Werkes ist auch im Einzelfall nur in den Grenzen der gesetzlichen Bestimmungen des Urheberrechtsgesetzes der Bundesrepublik Deutschland in der jeweils geltenden Fassung zulässig. Sie ist grundsätzlich vergütungspflichtig. Zuwiderhandlungen unterliegen den Strafbestimmungen des Urheberrechtes.

Die Wiedergabe von Gebrauchsnamen, Handelsnamen, Warenbezeichnungen usw. in diesem Werk berechtigt auch ohne besondere Kennzeichnung nicht zu der Annahme, dass solche Namen im Sinne der Warenzeichen- und Markenschutz-Gesetzgebung als frei zu betrachten wären und daher von jedermann benutzt werden dürften.

Die Informationen in diesem Werk wurden mit Sorgfalt erarbeitet. Dennoch können Fehler nicht vollständig ausgeschlossen werden, und der Diplomica Verlag, die Autoren oder Übersetzer übernehmen keine juristische Verantwortung oder irgendeine Haftung für evtl. verbliebene fehlerhafte Angaben und deren Folgen.

© Diplomica Verlag GmbH
http://www.diplomica-verlag.de, Hamburg 2012
Printed in Germany

Vorbemerkung

Aus Gründen der Sprachökonomie und der besseren Lesbarkeit wird auf die Nennung beider Geschlechter verzichtet. Die Verwendung der männlichen Form schließt hier grundsätzlich auch die weibliche Form ein.

Zusammenfassung

In der vorliegenden Studie wird das populär gewordene Thema „Work-Life Balance" (WLB) im Kontext der betrieblichen Gesundheitsförderung betrachtet. Die Beantwortung der Frage, welchen Beitrag WLB-Konzepte im Rahmen der betrieblichen Gesundheitsförderung zum Erhalt und Aufbau der Gesundheit der Mitarbeiter leisten können, erfolgt auf Basis der wissenschaftlichen Literatur. Hierbei wird auf der Grundlage der Definition des Gesundheitsbegriffs, der Grundkonzepte der Stressforschung, des WLB-Modells von Kastner (2010) sowie der Theorie der (betrieblichen) Gesundheitsförderung ein Verständnis von WLB im Gesundheitskontext geschaffen.

Im Ergebnis zeigt sich, dass die veränderte und sich verändernde Arbeitswelt neue Anforderungen und Belastungskonstellationen mit sich bringt, wodurch die bewusste Herstellung einer WLB immer bedeutender und gleichzeitig immer schwieriger wird, dies gilt sowohl für die Unternehmen als auch für die einzelnen Beschäftigten. Dabei kann Erwerbsarbeit als solches sowohl gesundheitsschädigende als auch gesundheitsfördernde Effekte auf den Menschen ausüben. WLB-Konzepte können durch Verhaltens- und Verhältnisinterventionen dazu beitragen, arbeitsbedingte Stressoren abzubauen sowie Ressourcen und Puffer aufzubauen. Gesundheitsschädigende Effekte werden dadurch gemindert und gesundheitsfördernde gestärkt, wodurch das Entstehen von Stresszuständen und arbeitsbedingten Erkrankungen vermieden werden kann.

Inhaltsverzeichnis

Abkürzungsverzeichnis 7

Abbildungsverzeichnis 9

Tabellenverzeichnis 11

1. Einleitung 13
2. Psychosoziale Funktionen der Erwerbsarbeit für den Menschen 16
3. Arbeitswelt im Wandel 19
   - 3.1 Wandel der Unternehmensorganisation 22
   - 3.2 Entgrenzung und Subjektivierung der Arbeit 24
   - 3.3 Der Arbeitskraftunternehmer 26
     - 3.3.1 Selbst-Kontrolle 27
     - 3.3.2 Selbst-Ökonomisierung 28
     - 3.3.3 Selbst-Rationalisierung 28
4. Der Gesundheitsbegriff 30
   - 4.1 Belastungs- und Beanspruchungskonzept 31
   - 4.2 Ressourcen 32
   - 4.3 Stress und Stressoren 36
   - 4.4 Das transaktionale Stresskonzept 39
   - 4.5 Stressfolgen 40
5. Work-Life Balance – der Ausgleich zwischen Arbeit und Freizeit? 45
   - 5.1 Modell der Wippe als Metapher für WLB 48
   - 5.2 Stressoren aus der Arbeitswelt – Risikofaktoren für das Entstehen einer Imbalance 52
     - 5.2.1 Arbeitsplatzunsicherheit 53
     - 5.2.2 Mehr Druck durch mehr Freiheit 54
6. Gesundheitsförderung 57
   - 6.1 Begriffliche Abgrenzung 58
   - 6.2 Betriebliche Gesundheitsförderung 58
   - 6.3 Klassifikation von Interventionsstrategien 61
   - 6.4 Nutzen der betrieblichen Gesundheitsförderung 63
   - 6.5 WLB-Maßnahmen im Rahmen der betrieblichen Gesundheitsförderung 65
7. Schlussbetrachtung 72
8. Literaturverzeichnis 75

Abkürzungsverzeichnis

AAS	Allgemeines Adaptationssyndrom
BGAG	Berufsgenossenschaftliches Institut Arbeit und Gesundheit
BKK	Betriebskrankenkasse
BMFSFJ	Bundesministerium für Familie, Senioren, Frauen und Jugend
BZgA	Bundeszentrale für gesundheitliche Aufklärung
EfH	Enterprise for Health
ENWHP	European Network for Workplace Health Promotion
HVBG	Hauptverband der gewerblichen Berufsgenossenschaften
IGA	Initiative Gesundheit und Arbeit
StBA	Statistisches Bundesamt
IuK-Technik	Informations- und Kommunikationstechnik
IT	Informationstechnik
WHO	Weltgesundheitsorganisation
WLB	Work-Life Balance

Abbildungsverzeichnis

Abbildung 1:	Zusammenhang zwischen Belastung, Beanspruchung, Ressourcen und Beanspruchungsfolgen (Eigene Darstellung in Anlehnung an Poppelreuter & Mierke, 2008, S. 186)....................................	35
Abbildung 2:	Beanspruchung und Entspannung im Arbeits- und Privatbereich (Eigene Darstellung in Anlehnung an Kastner, 2010, S. 2)...	46
Abbildung 3:	Das Modell der WLB (Eigene Darstellung in Anlehnung an Kastner, 2010, S. 38)...	49

Tabellenverzeichnis

Tabelle 1:	Erwerbstätige im Inland nach Wirtschaftssektoren (Auszug aus: Statistisches Bundesamt. (05.01.2011). Erwerbstätige im Inland nach Wirtschaftssektoren. Deutschland. Zugriff am 07.02.2011)........................	20
Tabelle 2:	Beispiele für äußere und innere Ressourcen (Eigene Darstellung in Anlehnung an Richter & Hacker, 1998, S. 25)...	34
Tabelle 3:	Psychische Belastungen in der Arbeitswelt (Eigene Darstellung nach Richter & Hacker, 1998, S. 17)...	38
Tabelle 4:	Klassifikation möglicher Stressfolge (Eigene Darstellung in Anlehnung an Kaufmann, Pornschlegel & Udris, 1982, S. 24; Greif, 1991, S. 25; Udris & Frese, 1999, S. 432; Bamberg et al., 2003, S. 58)...	41
Tabelle 5:	Betrieblicher Arbeitsschutz und betriebliche Gesundheitsförderung in idealtypischer Gegenüberstellung (Eigene Darstellung nach Ulich, 2001, S. 485)..........	59

1. Einleitung

In den vergangenen Jahrzehnten veränderten sich Gesellschaft und Wirtschaft in einem rasanten Tempo – mit bis heute steigender Tendenz (vgl. Rühl, 2010, S. 213). Dabei gewinnen Begriffe wie Globalisierung, demografischer Wandel sowie technologischer und wirtschaftlicher Fortschritt immer mehr an Bedeutung (vgl. Bundesministerium für Familie, Senioren, Frauen und Jugend [BMFSFJ], 2005, S. 12). Bedingt durch die Rahmenbedingungen unterliegt auch die Erwerbsarbeit anhaltenden Wandlungsprozessen, in deren Folge veränderte Belastungssituationen auszumachen sind (vgl. Poppelreuter & Mierke, 2008, S. 15). Die Arbeitsbelastung des Einzelnen nimmt durch Verdichtung der Arbeit, steigende Verantwortung und Erfolgsdruck beständig zu (vgl. Hauser & Mertens, 2007, S. 19). Gleichzeitig verlieren körperliche Belastungen an Bedeutung, während insbesondere psychische Belastungen in starkem Maße zunehmen (vgl. Poppelreuter & Mierke, 2008, S. 15). Zudem lässt sich ein Anstieg der psychischen Erkrankungen beobachten, welche seit 1997 um 83,3 % zugenommen haben (vgl. Macco & Schmidt, 2010, S. 276).

Im Zuge der technologischen, wirtschaftlichen und gesellschaftlichen Entwicklungen verändert sich zudem das Verständnis der Gesellschaft über die zeitliche und räumliche Organisation von Arbeits- und Privatleben sowie über die Grenzen zwischen Arbeit und Nichtarbeit. Insbesondere neue Arbeits- und Organisationsformen führen heutzutage dazu, dass die ehemals klar getrennten Lebensbereiche miteinander verschmelzen. Man spricht hierbei auch vom Prozess der Entgrenzung. Während in der Industriegesellschaft noch eine klare Abgrenzung der Arbeit durch eine starke räumlich-zeitliche Kopplung an Maschinen und Betriebsorte bestand, ist es in der heutigen Wissensgesellschaft meist völlig irrelevant, wann und wo die Tätigkeit ausgeführt wird (vgl. Kastner, 2010, S. 17). Die Gestaltung einer Balance zwischen Arbeit und Privatleben wird umso bedeutender, je mehr Erwerbsarbeit vom Individuum als Mühe zum Zwecke des Gelderwerbs und Nicht-Arbeit als Erholung gesehen werden (vgl. Kastner, 2010a, S. 95). Hierbei bot die strikte Trennung zwischen Erwerbsarbeit und Privatleben in der Vergangenheit den Arbeitern jahrzehntelang einen relativ verlässlichen Rückzugsraum, um sich von den Belastungen und Anforderungen des Arbeitsalltages zu erholen. Durch den Prozess der Entgrenzung droht diese Sphäre der Erholung und Reproduktion ihre Schutzfunktion zu verlieren, weil die Entgrenzung zumeist einseitig verläuft und hauptsächlich dazu führt, dass sich die Erfordernisse der Arbeitswelt auf die angrenzenden Lebensbereiche ausdehnen (vgl. Jürgens & Voß, 2007, S. 7). Ein Ungleichgewicht zwischen Arbeits- und Privatleben verstärkt die spezifischen Belastungskonstellationen des Arbeitsalltages, was oft mit negativen gesundheitlichen Folgen verbunden ist (vgl. Europäisches Netzwerk „Enterprise for Health" [EfH], 2006, S. 42). Somit spielt das Themengebiet der WLB nicht nur für das Individuum selbst, sondern auch für die Unternehmen und die Gesellschaft eine wichtige Rolle. Es ist daher nicht allein die Aufgabe des Einzelnen, für eine Abgrenzung der Lebensbereiche und in verstärktem Maße für zeitliche und räumliche Grenzen zu sorgen (vgl. Jürgens & Voß, 2007, S. 8). Auch sollten Unternehmen ihren Mitarbeiten im eigenen Interesse ermöglichen, eine Balance zwischen belastenden und erholenden Aktivitäten herzustellen, um somit krankheitsbedingte Ausfälle, Produktivitätsverluste und fehlzeitbedingte Kosten zu vermeiden und der durch diese Ursachen bedingte Verminderung des Unternehmenserfolgs zu begegnen. Denn nur gesunde Mitarbeiter sind leistungsfähige Mitarbeiter (vgl. Krone & Flegel, 2007, S. 36). In Anbetracht der demografischen Entwicklung und einer im internationalen Vergleich niedrigen Erwerbsbeteiligung liegt diese Maxime auch im Interesse der Gesellschaft. Nur wenn Arbeitsunfähigkeit so weit wie möglich vermieden wird, kann das Arbeitskraftpotenzial besser ausgeschöpft und somit die Liquidität des Staates und die Finanzierung der sozialen Sicherungssysteme gewährleistet werden (vgl. BMFSFJ, 2005, S. 5ff.).

Ziel der Ausarbeitung soll es daher sein, die Frage zu beantworten, welchen Beitrag WLB-Konzepte im Rahmen der betrieblichen Gesundheitsförderung für den Aufbau und Erhalt der Gesundheit der Mitarbeiter leisten können. Zu diesem Zweck soll zunächst der besondere Stellenwert der Erwerbsarbeit für den Menschen erörtert und die ausschlaggebenden Beweggründe für die steigende Relevanz des Themas der WLB herausgearbeitet werden; hierzu gehören u. a. der Strukturwandel der Arbeitswelt und der Wandel der Unternehmensorganisationen sowie die damit verbundenen Anforderungen an den Arbeitnehmer. Anschließend wird der Gesundheitsbegriff geklärt. Darauf aufbauend werden wichtige Definitionen und Modelle vorgestellt, die wichtig sind für das Verständnis von WLB und die Folgen von *Imbalance*, sprich einem Ungleichgewicht zwischen Belastungen und Ressourcen. Schließlich folgt die Auseinandersetzung mit dem Thema WLB und die Vorstellung des Modells der Wippe von Kastner (2010). In diesem Zusammenhang sollen exemplarisch Faktoren aus der Arbeitswelt vorgestellt werden, die das Entstehen von *Imbalance* fördern. Hierbei werden bewusst Stressoren aus dem privaten Handlungsbereich ausgeklammert und der Schwerpunkt auf die Stressoren der Arbeitswelt gelegt, da insbesondere diese durch betriebliche Gesundheitsförderung beeinflusst werden können. Außerdem zeigen sie mögliche Ansatzpunkte für WLB-Maßnahmen. Über die allgemeine Gesundheitsförderung soll eine Brücke zur betrieblichen Gesundheitsförderung geschlagen werden, welche näher erläutert und insbesondere deren Nutzen herausgearbeitet werden soll. In diesem Kontext werden einige beispielhaft gewählte WLB-Maßnahmen näher erläutert. Abschließend erfolgt eine Zusammenführung aller gewonnenen Ergebnisse und eine Schlussfolgerung, welchen Beitrag WLB-Konzepte zur betrieblichen Gesundheitsförderung leisten können. Die Auseinandersetzung mit dem Thema erfolgt auf Literaturbasis. Aufgrund des umfangreichen Themengebiets kann eine vollständige Erfassung des Themas WLB im gesundheitlichen Zusammenhang hier nicht erreicht werden, viele Aspekte können daher nur ansatzweise erläutert werden. Dennoch soll die Ausarbeitung durch die Konzentration auf die wichtigsten Punkte ein möglichst umfassendes Bild vermitteln.

2. Psychosoziale Funktionen der Erwerbsarbeit für den Menschen

Nach Semmer & Udris (2004) bezeichnet der Begriff der Arbeit die „zielgerichtete menschliche Tätigkeit zum Zwecke der Transformation und Aneignung der Umwelt auf Grund selbst- oder fremddefinierter Aufgaben mit gesellschaftlicher – materieller oder ideeller – Bewertung, zur Realisierung oder Weiterentwicklung individueller oder kollektiver Bedürfnisse, Ansprüche oder Kompetenzen" (S. 158). Diese Tätigkeiten nehmen im Leben der meisten Menschen einen zentralen Stellenwert ein. Laut dem Statistischen Bundesamt verbringt eine vollzeitbeschäftigte Person im Durchschnitt täglich über acht Stunden mit Arbeit. Dabei entfallen etwa sechs Stunden auf die Erwerbsarbeit, was nach Schlafen, Essen und Körperpflege den zeitintensivsten Bereich darstellt (vgl. Statistisches Bundesamt [StBA], 2003, S. 8).

Unter Berücksichtigung des erheblichen Zeitaufwandes, der mit Arbeit verbunden ist, stellt sich die Frage, warum Menschen der Arbeit eine so große Bedeutung zukommen lassen. Hierbei sollen insbesondere die psychosozialen Funktionen der Erwerbsarbeit im Mittelpunkt der Betrachtung stehen.

Leitet man die Bedeutung der Arbeit für den Menschen aus der sprachlichen Entwicklung ab, ergibt sich ein negativ konnotiertes Bild. Etymologisch gesehen haben die Begriffe für Arbeit in allen Sprachen eine immer wiederkehrende Grundbedeutung: Sie bezeichnen das Mühsame der Tätigkeit, die harte Anstrengung (vgl. Poppelreuter, 1997, zit. nach v. Nell-Breuning, 1985, S. 8). Umgangssprachlich, aber auch in vielen sozialwissenschaftlichen Ausarbeitungen wird der Begriff der Arbeit häufig gleichbedeutend mit der Erwerbstätigkeit verwendet, was die zentrale Stellung der Erwerbsarbeit für den Menschen nochmals verdeutlicht (vgl. Jahoda, 1995, S. 24). Folglich ist es nicht verwunderlich, dass viele Menschen mit dem Begriff der Arbeit bzw. der Erwerbstätigkeit Merkmale wie Mühsal, Abhängigkeit und Fremdbestimmung assoziieren (vgl. Wiendieck, 1994, S. 1). Erwerbsarbeit ist für den Menschen allerdings nicht nur ein notwendiges Übel, welches allein zur Sicherung des Lebensunterhaltes dient, vielmehr hat Arbeit und ihre Bedeutung für das Individuum einen Doppelcharakter (vgl. Poppelreuter, 1997, S. 6). Denn neben der bloßen Existenzsicherung erfüllt die Erwerbsarbeit für den Menschen eine Reihe von wichtigen psychosozialen Funktionen. Beispielsweise dient ein regelmäßiges Einkommen nicht nur der Befriedigung physiologischer Bedürfnisse, sondern erlaubt es dem Individuum, ein unabhängiges, selbstbestimmtes Leben zu führen. Gleichzeitig gibt die Erwerbstätigkeit durch eine im Wesentlichen festgelegte Dauer, Lage und Verteilung der Arbeitszeit einen strukturierten Tages-, Wochen- und Jahresverlauf vor. Oft orientiert sich sogar die gesamte Lebensplanung an dieser zeitlich vorgegebenen Struktur. Durch den regelmäßigen Kontakt zu einem Kollektiv bietet die Erwerbsarbeit außerdem die Möglichkeit, soziale Beziehungen zu knüpfen, die Zugehörigkeit zu einer Gruppe zu verspüren und kooperative Fähigkeiten zu entwickeln bzw. auszubauen, welche für die Erledigung der meisten Arbeitsaufgaben unumgänglich sind. Dabei ist auch die soziale Anerkennung, die man durch seine erbrachten Leistungen erfährt, aus psychosozialer Sicht wichtig. Man erhält das Gefühl, einen nützlichen Beitrag für die Gesellschaft zu leisten und ist gesellschaftlich angesehen (vgl. Semmer & Udris, 2004, S. 159). Denn mit dem ausgeübten Beruf wird gewöhnlich der soziale Rang eines Menschen verknüpft (vgl. Wiendieck, 1994, S. 3). Zudem entwickeln sich durch die aktive Bewältigung der Arbeitsaufgaben Fähigkeiten und Kenntnisse im Umgang mit unterschiedlichen Situationen, die zur Herausbildung verschiedener Handlungskompetenzen beitragen. Aber auch das Selbstbild einer Person hängt von der ausgeübten Erwerbstätigkeit ab (vgl. Semmer & Udris, 2004, S. 159). Viele Menschen neigen dazu, sich über das in der Gesellschaft vorherrschende Bild ihres Berufes zu definieren (vgl. Jahoda, 1995, S. 51). Somit bestimmt der Arbeitsplatz die soziale Identität, welche sich in der wechselseitigen Beziehung zwischen dem Inneren des Individuums und den beruflichen Gegebenheiten herausbildet (vgl. Simon, 2006, S. 15). Mit der Arbeit können zudem positive Emotionen verbunden sein, die sich im sog. „Flow-Erlebnis", dem Aufgehen im Tun oder in der tätigkeitsbezogenen Begeisterung zeigen (vgl. Opaschowski, 2001, zit. nach Csikszentmihalyi, 1991, S. 85). Diese bedeutenden Aufgaben der Erwerbsarbeit konnten insbesondere in Forschungen zur Arbeitslosigkeit bestätigt werden (vgl. Jahoda, 2005). Dass die Funktion der Erwerbsarbeit über die alleinige Sicherung der Existenz hinausgeht, zeigt sich auch daran, dass Menschen selbst dann arbeiten wollen, wenn keine ökonomische Notwendigkeit besteht (vgl. Jahoda, 2005, S. 67).

Erwerbsarbeit ist also ein wichtiger Bestandteil des menschlichen Lebens. Sie weist sowohl positive als auch negative Aspekte auf und hat erheblichen Einfluss auf Gesundheit und Lebensqualität. „Angesichts der vielfältigen psychischen Funktionen der Erwerbstätigkeit ist es evident und inzwischen auch empirisch belegt, dass Erwerbslosigkeit mit körperlichen und psychischen Gesundheitsrisiken und -störungen und psychosozialen Belastungen verbunden ist" (Albani, Blaser, Geyer, Grulke, Bailer, Schmutzer, Berth, & Brähler, 2008, S. 16). Allerdings lässt sich schon an dieser Stelle anmerken, dass nicht nur das Fehlen von Arbeit negative Folgen nach sich ziehen kann, sondern insgesamt ein unausgewogenes Verhältnis zwischen belastenden und erholenden Tätigkeiten Gesundheitsrisiken in sich birgt. Bezieht man die möglichen gesundheitlichen Folgen der Erwerbsarbeit in die Betrachtung mit ein, so ist Arbeit als solche nicht schädlich, sondern es ist davon abhängig, wie das Individuum damit umgeht und unter welchen Bedingungen die Arbeit ausgeführt wird (vgl. Poppelreuter, 1997, zit. nach Fassel, 1991, S. 2).

3. Arbeitswelt im Wandel

Die Arbeitswelt unterliegt seit Jahrzehnten einer Vielzahl grundlegender Veränderungen. Wirtschaftlicher Strukturwandel, Globalisierung, technologischer Fortschritt und demografischer Wandel sind dabei treibende Kräfte (vgl. BMFSFJ, 2005, S. 12). Bis in die erste Hälfte des 19. Jahrhunderts prägten Land- und Forstwirtschaft sowie die Fischerei als primärer Wirtschaftssektor die Struktur der Arbeitswelt (vgl. Gaugler, 2002, S. 143). Fast die Hälfte aller Erwerbstätigen war zu diesem Zeitpunkt im primären Sektor tätig. Seit Beginn der zweiten Hälfte des 19. Jahrhunderts verdrängte das produzierende Gewerbe (sekundärer Sektor) immer stärker die ursprünglich dominante Agrarwirtschaft, bis Mitte des 20. Jahrhunderts etwa die Hälfte der Erwerbstätigen im sekundären Sektor, insbesondere im Maschinenbau, in der Automobilbranche und in der chemischen Industrie beschäftigt war. Der Prozess des Übergangs wird als Industrialisierung bezeichnet (vgl. Hoff, 2002, S. 4f.). Auch Ende des 20. Jahrhunderts vollzog sich ein struktureller Wandel, durch welchen nun der tertiäre Sektor (Dienstleistungssektor) immer mehr an Bedeutung gewann und weiterhin gewinnt. Einhergehend mit dem Bedeutungszuwachs des tertiären Sektors wird der Prozess der Deindustrialisierung vorangetrieben (vgl. StBA, 2009, S. 7). Kennzeichnend für diese Veränderung ist u. a. ein erheblicher Anstieg der Erwerbstätigkeit im Dienstleistungssektor, verbunden mit einem sinkenden Anteil der Erwerbstätigen im primären und sekundären Sektor. Waren 1970 knapp 45 % der Erwerbstätigen im tertiären Sektor tätig, so waren es im Jahr 2010 schon nahezu 74 %. Eine spiegelbildliche Entwicklung erfolgte im produzierenden Gewerbe, in dem der Anteil der Erwerbstätigen von circa 47 % im Jahr 1970 auf etwa 24 % im Jahr 2010 abfiel. Die Beschäftigung in der Land- und Forstwirtschaft sowie in der Fischerei verlor in der deutschen Wirtschaft weiterhin kontinuierlich an Bedeutung, ihr Anteil lag 2010 nur noch bei 2 % (vgl. Tabelle 1).

Tabelle 1: Erwerbstätige im Inland nach Wirtschaftssektoren

Jahr	Insgesamt in 1000	Land- und Forstwirtschaft, Fischerei (primärer Sektor) Anteil in %	Produzierendes Gewerbe (sekundärer Sektor) Anteil in %	Übrige Wirtschaftsbereiche, Dienstleistungen (tertiärer Sektor) Anteil in %
1970	26 589	8,4	46,5	45,1
2010	40 483	2,1	24,4	73,5

(Auszug aus: Statistisches Bundesamt. (05.01.2011). Erwerbstätige im Inland nach Wirtschaftssektoren. Deutschland. Zugriff am 07.02.2011).

Der Tertiarisierungsprozess wird dabei im Wesentlichen durch technologische Erneuerungen beeinflusst, die nicht nur die Arbeit, sondern das gesamte Leben betreffen (vgl. Bamberg, Busch & Ducki, 2003, S. 21). Die postindustriellen Gesellschaften zeichnen sich zudem durch eine Dynamik innerhalb des tertiären Sektors aus, welche dazu geführt hat, dass anstelle der Dienstleistungsgesellschaft zunehmend von einer Informations- und Kommunikationsgesellschaft gesprochen wird. Diese dynamischen Veränderungen in der Arbeitswelt und innerhalb der Gesellschaft sind größtenteils auf die rasanten technologischen Entwicklungen, insbesondere in der Informations- und Kommunikationstechnik (IuK-Technik), zurückzuführen, verbunden mit einem rapiden Anstieg der wirtschaftlichen Leistungen und der Beschäftigungszahlen im sogenannten Informationstechnik (IT)-Bereich (vgl. Hoff, 2002, S. 5). Informationsgewinnung, -verarbeitung und -weitergabe haben sich durch die moderne Kommunikationstechnologie quantitativ und qualitativ verändert (vgl. Bamberg et al., 2003, S. 21). „Digitale Datenübertragung, Mobilfunk, Satellitentechnik und Internet ermöglichen einen unermesslichen Informationsfluss, der sich durch ständige Innovationen rapide beschleunigt" (StBA, 2009a, S. 5). Diese Innovationen ermöglichen vernetztes Arbeiten über Gruppen-, Abteilungs-, Unternehmens-, Länder- und Zeitgrenzen hinweg und verändern somit auch die Arbeitsbedingungen außerhalb der IT-Branche (vgl. Hoff, 2002, S. 5). Arbeitszeit und Arbeitsort werden für die Aufgabenerledigung immer weniger relevant. Somit fördern technologische Fortschritte grenzübergreifende

Kontakte und den Prozess der Globalisierung (vgl. Bamberg et al., 2003, S. 20). Die Globalisierung als immer schnellerer Fluss von Informationen, Wissen, Geld, Waren, Dienstleistungen und Menschen stellt die Unternehmen vor neue Konkurrenzbedingungen. Nationale Grenzen und Entfernungen schützen nicht mehr vor Konkurrenz, der Konkurrenzdruck erhöht sich. Um diesem weltweiten Wettbewerb standzuhalten, sind Unternehmen gezwungen, Zeit und Kosten zu sparen und gleichzeitig die Qualität der Produkte und Dienstleistungen stetig zu verbessern (vgl. Kastner, 2010, S. 21). Die technischen Entwicklungen ermöglichen Rationalisierung und Automatisierung in Produktion und Büro und verhelfen so den Unternehmen auf den internationalen und insbesondere auf den globalen Märkten konkurrenzfähig zu bleiben (vgl. Bamberg et al., 2003, S. 22).

Allerdings verlaufen auch die technologischen Entwicklungen in einem immer schnelleren Tempo, sodass die Innovationen von heute innerhalb weniger Jahre überholt sein werden. Dies führt dazu, dass sich die Halbwertszeit des Wissens stetig verkürzt. Daher müssen Unternehmen ihre Wissensbasis ständig aktualisieren und ergänzen. Dies wiederum erfordert lernbereite und lernfähige Mitarbeiter, um den Überfluss an Informationen bewältigen zu können (vgl. Zaugg, 2006, S. 17). Die Dynamik und Komplexität des Wandels kann auch mit dem künstlichen Begriff der „Dynaxität" beschrieben werden (vgl. Kastner & Vogt, 2001, S. 36).

Mit dem technologischen Fortschritt und dem strukturellen Wandel verändert sich auch die Arbeit als solches. Anstelle der körperlichen Arbeit rückt die Kopf- und Denkarbeit, die sog. Wissensarbeit, immer mehr in den Vordergrund. Physisch belastende Arbeit nimmt ab, stattdessen steigen intellektuelle und psychische Anforderungen. Entwicklung und Bedienung der modernen Technologien erfordern qualifizierte Fachkräfte, die mit theoretischem und analytischem Wissen ausgestattet sein müssen. Tätigkeiten, welche eine höhere Qualifikation voraussetzen, werden infolgedessen immer wichtiger. Lag der Anteil der Erwerbstätigen mit einer höher qualifizierten Tätigkeit bei 33 % im Jahr 1992, so waren es 2009 schon 42 % (vgl. StBA, 2010, S.53). Mit der steigenden

Bedeutung der höher qualifizierten Berufe existieren immer weniger Berufe für gering qualifizierte Arbeitnehmer. Es entsteht ein qualitatives Ungleichgewicht am Arbeitsmarkt, mit einem Überangebot an gering qualifizierten Arbeitnehmern und einem Mangel an spezialisierten Fachkräften. Verstärkt wird dieser Trend durch die demografische Entwicklung (vgl. Wunderer & Dick, 2007, S. 42). Unter diesem Gesichtspunkt scheint es für Unternehmen, welche sich langfristig auf dem Markt halten wollen, sehr wichtig zu sein, auf die Gesundheit und somit den Erhalt der Erwerbsfähigkeit ihrer Mitarbeiter zu achten. Denn moderne Technik alleine garantiert keinen nachhaltigen Wettbewerbsvorteil (vgl. Wendling, 2009, S. 16).

Gleichzeitig veränderte sich im Laufe der Zeit auch der Wert der Erwerbsarbeit. Wurde in der Antike Arbeit noch als Hindernis für die eigene geistige, religiöse und politische Entwicklung wahrgenommen, so sahen protestantische Arbeitsethik und Aufklärung die Arbeit als Lebenszweck und Mittelpunkt des Lebens (vgl. Zaugg, 2006, S. 6f.). In der nachindustriellen Gesellschaft wandelt sich die Polarisierung von Arbeitsethos und Hedonismus in Richtung eines Wertepluralismus (vgl. Opaschowski, 2001, S. 85).

3.1 Wandel der Unternehmensorganisation

Die Auswirkungen der sich verändernden Rahmenbedingungen der Arbeitswelt manifestieren sich auch auf der betrieblichen Ebene. Die tayloristisch-fordistische Arbeitsorganisation wird durch neue Formen der Arbeitsteilung, die mehr auf Aufgabenintegration setzen, weitestgehend abgelöst. Diese Neuausrichtung zielte und zielt auf eine höhere Beweglichkeit und Wandelbarkeit der Unternehmen ab (vgl. Kesselring & Vogl, 2010, S. 49). Geschäftsprozesse beschleunigen sich, Kundenorientierung, die sich in kurzen Reaktionszeiten und im „Rund-um-die-Uhr-Service" ausdrückt, tritt immer mehr in den Vordergrund. Eine Dezentralisierung von Arbeitsaufgaben und deren Gestaltung führt im Wesentlichen zu einer stärkeren Verantwortungsübernahme und einer höheren Selbststeuerungsanforderung aller Prozessbeteiligten (vgl. BMFSFJ, 2005, S. 13). Arbeitsaufgaben, die das Unternehmen selbst durchgeführt hat, werden beispielsweise durch Outsourcing an Dritte übergeben. Innerhalb der Organisation werden autonome Einheiten bzw. „Center" gebildet, die erfolgsorientiert und eigenverantwortlich arbeiten. Das Führen durch Zielvereinbarungen (*Management by Objectives*) entwickelt sich zunehmend, auch für Mitarbeiter ohne Leitungsverantwortung, zu einer sehr verbreiteten Managementtechnik (vgl. Ewers, Hoff, Petersen & Geffers, 2006, S. 26f.). Vorgegeben werden nur noch die zu erreichenden Leistungen. Der Weg dorthin bleibt jedem Mitarbeiter selbst überlassen. Die kollektive Regulierung der Arbeit findet somit nicht mehr über Zeit, sondern über Ziele und Inhalte statt (vgl. Jürgens, 2005, S. 46). Die Vermarktlichung der Unternehmensbeziehungen sorgt zusätzlich zum externen Wettbewerb für Konkurrenz zwischen den Einheiten (vgl. BMFSFJ, 2005, S. 13).

Die neuen Arbeits- und Organisationsformen der Unternehmen schlagen sich u. a. in den vorherrschenden Formen der Erwerbstätigkeit nieder. Die Flexibilitätsanforderungen des Marktes führen zu einer Entstandardisierung der Erwerbsarbeit: Zeitliche, räumliche, vertragliche sowie organisatorische Aspekte und Bezüge der Arbeit werden vielfältiger und damit vielfach aus den industriegesellschaftlichen Normen bzw. Normvorstellungen herausgelöst. Dominierte im Fordismus das sogenannte Normalarbeitsverhältnis, so existiert in der Zeit des Post-Fordismus der grundlegende Trend zur Differenzierung und Pluralisierung der Erwerbsformen und zu einer Zunahme der atypischen Beschäftigungsverhältnisse (vgl. Ewers et al., 2006, S. 30f.). „Im Kern wird eine unbefristete, arbeits- und sozialrechtlich abgesicherte Vollzeitbeschäftigung als Normalarbeitsverhältnis definiert, darüber hinausgehend werden in der Operationalisierung des Begriffes allerdings differierende Akzentuierungen vorgenommen etwa: die Existenz eines definierten Arbeitsortes, von gegenüber der Lebenszeit abgegrenzten Normalarbeitszeiten, die Zahlung eines existenzsichernden Familienlohns" (Hielscher, 2000, zit. nach Mückenberger, 1985, S. 14). Eine bewegliche, anpassungsfähige und weltweit wettbewerbsfähige Organisation kann insbesondere durch Flexibilität in Arbeitszeit, Arbeitsort und Arbeitsinhalt erreicht werden (vgl. Bamberg et al., 2003, S. 25). Seit den Achtzigerjahren lässt sich daher eine weitreichende Flexibilisierung der Arbeitszeit beobachten. So arbeitet inzwischen mehr als die Hälfte der abhängigen Beschäftigten in Deutschland nicht mehr im Rahmen des sogenannten „Normalarbeitstages", sondern muss atypische Arbeitszeiten, etwa in Schicht-, Wochenend- oder Nachtarbeit akzeptieren. Jedoch werden nicht nur Dauer und Lage, sondern auch die Verteilung der Arbeitszeit immer flexibler. So führen Arbeitszeitkonten dazu, dass hohes Arbeitsaufkommen durch temporäre Mehrarbeit bewältigt werden kann und ein Zeitausgleich erst zu einem späteren Zeitpunkt stattfindet. Die Zunahme flexibler Arbeitszeiten zeigt sich auch darin, dass etwa 8 % der Beschäftigten ohne Zeiterfassung tätig sind und in so genannter „Vertrauensarbeitszeit" arbeiten. Zusätzlich führen die neuen Kommunikations- und Informationstechniken zu einer räumlichen Flexibilität, da Arbeitstätigkeiten räumlich getrennt vom Auftraggeber bzw. der Betriebsstätte, beispielsweise durch Telearbeit, verrichtet werden können (vgl. Jürgens & Voß, 2007, S. 7). Die Notwendigkeit zur räumlichen Flexibilität kann auch durch wechselnde Arbeitsorte bei konstantem Wohnort oder durch wechselnde Wohnorte bei konstantem Arbeitsort – dem Pendeln - entstehen (vgl. Bamberg et al., 2003, S. 25). Im Zusammenhang mit der Pluralisierung der Erwerbsformen spricht man auch von der „Erosion des Normalarbeitsverhältnisses" (vgl. Ewers et al., 2006, S. 30f.).

3.2 Entgrenzung und Subjektivierung der Arbeit

Die Prozesse der Flexibilisierung und Deregulierung der Erwerbsarbeit werden häufig mit dem Begriff der „Entgrenzung der Arbeit" beschrieben. „Entgrenzung bezeichnet dabei einen umfassenden sozialen Prozess, in dem sich die Arbeitsorganisation, die Arbeitsinhalte, die individuell einzubringenden Qualifikationen und die vom arbeitenden Subjekt abverlangte Verfügbarkeit nachhaltig verändern" (Schneider, 2005, S. 110). Die Entwicklungen in der Arbeitswelt führen dazu, dass sich die für normal und dauerhaft gehaltenen strukturellen Grenzen zunehmend verflüssigen oder gar auflösen. Damit verändert sich auch das Verhältnis zwischen betrieblich basierter Erwerbsarbeit und dem privaten familienbasierten Leben. Es kommt zu Vermischungen zwischen den ehemals klar voneinander getrennten Sphären. Dabei spielen die beschriebenen Dimensionen der zeitlichen und räumlichen Entgrenzung eine entscheidende Rolle (vgl. Jürgens & Voß, 2007, S. 5-7).

Werden ab- und begrenzende Strukturen ausgedünnt oder gar aufgelöst, wird die Differenzierung der Arbeitsteilung zurückgenommen, dann stellt sich mit Macht das Giddens'sche Dualitätsproblem: Einerseits entsteht durch mehr Zeit- und Raumsouveränität neuer Gestaltungsspielraum, andererseits steigen zugleich die Anforderungen an die Konstruktion und Stabilisierung von handlungsleitenden Strukturen für die Einzelnen und ihre gemeinschaftlichen Zusammenschlüsse sowie die formalen Organisationen (vgl. Gottschall & Voß, 2003, zit. nach Giddens, 1988, S. 15). Anders ausgedrückt muss unter Entgrenzungsbedingungen Erwerbsarbeit stärker als bisher aktiv (selbst) vom Mitarbeiter formiert werden, was gleichzeitig erweiterte, individuell positiv besetzte Möglichkeiten bietet, dies zu tun (vgl. Jurczyk, Schier, Szymenderski, Lange & Voß, 2009, S. 34). Beispielsweise ergeben sich in zeitlicher Hinsicht vielfältige Anforderungen an die Betroffenen: In der Erwerbsarbeit müssen Arbeitstempo, Pausen, Arbeitsbeginn und -ende und das Zeit-Leistungs-Verhältnis individuell austariert werden. Im Privatbereich kommt es zu Synchronisationsproblemen bei der Abstimmung von Sozial- und Familienzeiten (vgl. Jürgens & Voß, 2007, S. 7). Aus Arbeitskraftperspektive formuliert verbindet sich die Entgrenzung von Arbeit mit neuartigen Anforderungen an die Arbeitskraft, stellt dabei jedoch auch ein Angebot dar (vgl. Kratzer & Sauer, 2003, S. 97). Im Zusammenhang mit dem Wandel der Unternehmensorganisation kann die Entgrenzung der Arbeit auch als Ergebnis der neuen Rationalisierungsstrategie der Unternehmungen mit dem Ziel eines erweiterten Zugriffs auf die Subjektivität sowie auf die zeitlichen, räumlichen und sozialen Ressourcen der Lebenswelt der Beschäftigten verstanden werden (vgl. Ewers et al., 2006, S. 36f.). Entgrenzungsprozesse in der Erwerbsarbeit gehen also auch mit einer Subjektivierung der Arbeit einher (vgl. Kesselring & Vogl, 2010, S. 49). Subjektivierung von Arbeit bezeichnet dabei ganz allgemein eine Intensivierung von Wechselverhältnissen zwischen arbeitenden Personen und Betrieb bzw. betrieblich organisierten Arbeitsprozessen, bei denen verstärkt die Subjektivität der Betroffenen eingefordert wird. Dies kann zum einen heißen, dass Individuen selbst mehr Subjektivität in die Arbeit hineintragen, aber auch, dass die Arbeit immer mehr Subjektivität von den Individuen fordert. Die Subjektivierung der Erwerbsarbeit unterliegt dabei einem doppelten Prozess: Veränderte betriebliche Strukturen erhöhen den funktionalen Bedarf der Betriebe nach subjektiven Leistungen. Zudem haben Individuen immer häufiger den Wunsch subjektive Ansprüche an die Arbeit heranzutragen (vgl. Kleemann, Matuschek & Voß, 2002, S. 62). Subjektivierung von Arbeit hat also zur Folge, dass erwerbstätige Menschen vielfach nicht mehr eindeutig zwischen ihren Rollen als Berufs- und Privatperson trennen können, sondern sich als ganze Person in die Arbeit einbringen müssen oder auch wollen (vgl. Hoff, Grote, Dettmer, Hohner & Olos, 2005, S. 197).

3.3 Der Arbeitskraftunternehmer

Die veränderten Anforderungen, die sich daraus für die Beschäftigten ergeben, werden durch den Begriff des „Arbeitskraftunternehmers" charakterisiert. Die Entstehung dieses neuen Typus von Arbeitskraft hängt im Wesentlichen mit einer veränderten Logik der betrieblichen Nutzung von Arbeitskraft zusammen. Dabei werden die bislang leitenden tayloristischen Prinzipien des Fordismus zur Lösung des Grundproblems, die arbeitsvertraglich zugesicherte Arbeitskraft mit organisatorisch-technischen Vorkehrungen („Kontrolle") in die erforderliche konkrete Arbeitsleistung zu „transformieren", abgesetzt. Stattdessen müssen die Arbeitenden nunmehr weitestgehend selbst in ihrer Tätigkeit die für sie erforderliche Strukturierung, Steuerung und Überwachung des Arbeitsprozesses übernehmen (vgl. Subjektivierung von Arbeit). Somit werden Entscheidungen und Handlungen auf die Angestellten übertragen, welche zuvor dem Management vorbehalten waren (vgl. Pongratz & Voß, 2004, S. 23f.). Die Beschäftigten werden sozusagen zu „Unternehmern im Unternehmen" (Kühl, 2000, S. 818). „Hauptmerkmale der idealtypischen Beschreibung des Arbeitskraftunternehmers bzw. der

Anforderungen an dessen individuelles Handeln sind eine (anstelle der „alten" Fremdkontrolle) erweiterte Selbstkontrolle, eine Selbstökonomisierung der eigenen Arbeitsfähigkeiten und -leistungen sowie eine Selbstrationalisierung im Sinne einer ‚Verbetrieblichung' der alltäglichen Lebensführung" (Ewers et al., 2006, S. 35).

3.3.1 Selbst-Kontrolle

Durch die erweiterte Externalisierung des betrieblichen Transformationsproblems auf die Arbeitenden müssen jene diese Funktion wesentlich stärker als bisher selbst übernehmen und internalisieren. Dies erfordert immer häufiger eine aktive Selbstkontrolle und Selbststeuerung der eigenen Arbeit im Sinne der Unternehmenserfordernisse. Die Anforderung an eine erweiterte Selbstkontrolle zeigt sich dabei letztendlich in allen Dimensionen der Arbeit, beispielsweise in der Flexibilisierung der Arbeitszeiten, in der Lösung räumlicher Bindungen der Arbeit, in der Individualisierung und Dynamisierung von Qualifikationen sowie in den Erwartungen an eine verstärkte Eigenmotivation. Das neue Prinzip lautet: „Tue, was du willst. Hauptsache das unternehmerische Ergebnis stimmt!" Allerdings ist die Reduzierung der unmittelbaren Kontrolle häufig mit einer massiven Steigerung des Leistungsdrucks und mit neuartigen Strategien indirekter betrieblicher Steuerung, beispielsweise durch die Vorgabe von Leistungsbedingungen und Leistungszielen in Zielvereinbarungen, verbunden. Trotz allem bleiben diese neuartigen Steuerungsmöglichkeiten indirekt und somit übernimmt der Beschäftigte in immer stärkerem Maße die direkte Steuerung seiner Arbeit, was erweiterte Handlungsspielräume, aber auch den Effekt einer systematischen Ausbeutung menschlichen Arbeitsvermögens mit sich bringt. Die verstärkte Fähigkeit und Bereitschaft der Arbeitenden zur Selbstkontrolle führt durch die Nutzung des Potenzials durch das Unternehmen zu einer neuen Qualität betrieblicher Herrschaft (vgl. Pongratz & Voß, 2004, S. 23ff.).

3.3.2 Selbst-Ökonomisierung

Als „Unternehmer im Unternehmen" (Kühl, 2000, S. 818) reicht es für die Beschäftigen nicht mehr aus, ihre Arbeit ordentlich und gewissenhaft zu erledigen. Sie müssen nun darüber hinaus auch strategisch sinnvoll und effizient handeln (vgl. Pongratz & Voß, 2004, S. 25). „Auch hier drückt eine neue betriebliche Devise aus, worum es letztlich geht: ‚Sie bleiben nur so lange, wie Sie nachweisen und sicherstellen, daß Sie gebraucht werden und Profit erwirtschaften!'" (Pongratz & Voß, 2004, S. 25). Folglich ist jeder Mitarbeiter selbst für das weitere Bestehen seines Arbeitsplatzes verantwortlich. Ökonomisierung der Arbeitskraft bedeutet also, dass die Arbeitskraft auf dem Arbeitsmarkt sowie innerhalb der Betriebe zum einen dauerhaft aktiv und effizienzorientiert weiterentwickelt und zum anderen gezielt vermarktet werden muss (vgl. Pongratz & Voß, 2004, S. 25).

3.3.3 Selbst-Rationalisierung

Infolge der zunehmenden Selbst-Ökonomisierung entsteht eine auf den Erwerb ausgerichtete Lebensweise, die eine zweckgerichtete, alle individuellen Ressourcen gezielt nutzende Durchorganisation des gesamten Lebenszusammenhangs erfordert. Die Rationalisierung der Ware Arbeitskraft ist mit der Rationalisierung anderer Waren vergleichbar. Dabei wird die eher unorganisierte Form der Herstellung und Vermarktung der Waren in eine rationalisierte Form überführt. Es besteht also eine Tendenz zur Verbetrieblichung der gesamten Lebensführung (vgl. Pongratz & Voß, 2004, S. 24f.). Hierfür ist es unabdingbar, dass sich die Beschäftigten mehr als bisher mit den Unternehmenszielen identifizieren und die Marktlogik verinnerlichen. Auf diese Weise öffnet sich die private Lebenssphäre für Ein- und Übergriffe des Ökonomischen, um in der Erwerbssphäre mehr Flexibilität zu ermöglichen. Diese Entgrenzungsprozesse führen also u. a. dazu, dass die Lebenssphäre ihre Schutzfunktion für das Private der Person verliert (vgl. Jürgens & Voß, 2007, S. 6ff.). Damit steigt auch die Gefahr der Selbstausbeutung (vgl. Pongratz & Voß, 2004, S. 31). Wie in den nachfolgenden Darlegungen deutlich wird, kann diese häufig gesundheitliche Folgen nach sich ziehen.

4. Der Gesundheitsbegriff

In Anbetracht des massiven Wandels der Arbeitswelt gewinnt das Thema Gesundheit an gesellschaftlicher, unternehmerischer und persönlicher Relevanz und nimmt somit einen zentralen Stellenwert in der postindustriellen Gesellschaft ein. Für Unternehmen sind gesunde Mitarbeiter beispielsweise eine Grundvoraussetzung für nachhaltige Produktivität und Leistungsfähigkeit (vgl. Krone & Flegel, 2007, S. 36). Die individuelle Bedeutung des Themas zeigt sich u. a. daran, dass laut einer UNIVOX-Umfrage 90 % der Befragten „Gesundheit" als sehr wichtig einstufen. Gesundheit steht somit vor den Lebensbereichen „Arbeit/Beruf" und „Freizeit", welche von nur etwa 56 % der Befragten als sehr wichtig empfunden werden (vgl. Martinovits, 2002, S. 2).

Die wissenschaftliche Fachliteratur bietet für die Bestimmung des Gesundheitsbegriffes eine Vielzahl von Definitionsansätzen, welche sich jeweils an unterschiedlichen Gesundheitsnormen orientieren. Die vorgegebene Idealnorm bezeichnet dabei einen Zustand der Vollkommenheit, der zu erreichen wünschenswert ist (vgl. Bundeszentrale für gesundheitliche Aufklärung [BZgA], 2001, S. 15). Eine solche Idealnorm wurde 1946 von der Weltgesundheitsorganisation (WHO) in folgendem Grundsatz festgelegt: „Health is a state of complete physical, mental and social well-being and not merely the absence of disease or infirmity" (WHO, 2006, S. 1). Demnach beinhaltet der Gesundheitsbegriff nicht nur das Fehlen von Krankheit oder Gebrechen, sondern den Zustand des völligen körperlichen, geistigen und sozialen Wohlbefindens. Somit unterscheidet sich die Definition der WHO von der, insbesondere in der Medizin vorherrschenden, pathogenen Sichtweise (vgl. BZgA, 2001, S. 16). Gesundheit kann allerdings nicht als absoluter Zustand verstanden werden. Daher reicht es nicht aus, eine einfache Differenzierung zwischen den Zuständen „gesund" und „krank" vorzunehmen. Die Wissenschaft geht heute vielmehr davon aus, dass Gesundheit ein mehrdimensionaler und vor allem dynamischer Prozess ist (vgl. Greiner, 1998, S. 41ff.). In diesen Zusammenhang passt die Vorstellung eines Kontinuums mit den zwei Polen „Gesundheit" und „Krankheit". In einem solchen Kontinuum können Gesundheits- und Krankheitsmerkmale zeitlich koexistent auftreten, d. h., dass ein Mensch nie vollkommen gesund oder krank ist (vgl. BZgA, 2001, S. 32). Somit gibt es immer gesunde Anteile, welche beispielsweise durch eine Verminderung von Risikofaktoren gefördert werden können. Gesundheit ist also kein absoluter Zustand, sondern muss im täglichen Leben immer wieder neu aktiv hergestellt werden (vgl. Greiner, 1998. S. 44).

4.1 Belastungs- und Beanspruchungskonzept

Um die (gesundheitlichen) Auswirkungen der veränderten Arbeitsbedingungen auf den Menschen zu untersuchen, kann aus arbeitswissenschaftlicher Sicht das Belastungs- und Beanspruchungskonzept herangezogen werden (vgl. Poppelreuter & Mierke, 2008, S. 15).

Im deutschsprachigen Raum wurden die Begriffe der Belastung und Beanspruchung häufig uneinheitlich verwendet, was eine terminologische Abgrenzung der Begriffe erschwerte. Trotz der in der Fachliteratur vielförmigen Begriffsverwendung setzte sich in den deutschsprachigen Arbeitswissenschaften zunehmend ein Rahmenkonzept durch, nach dem unter Belastungen alle objektiven, von außen einwirkenden Faktoren wie beispielsweise Lärm, Zeitdruck oder Informationsvielfalt zu verstehen sind. Beanspruchungen bezeichnen hingegen die individuellen Auswirkungen der Belastungen auf einen Organismus. Die Begriffe sind dabei, anders als in der Umgangssprache, im wissenschaftlichen Sinne völlig wertfrei zu verstehen (vgl. Semmer & Udris, 2004, S. 172). Die bereits aufgezeigten Veränderungen der Anforderungen an die Mitarbeiter zeigen, dass körperliche Belastungen an Bedeutung verloren und psychische Belastungen in besonderem Maße zugenommen haben (vgl. Poppelreuter & Mierke, 2008, S. 15). Dies macht deutlich, dass insbesondere die psychischen Belastungen in den Mittelpunkt der Betrachtung gerückt werden müssen. Laut der Bundesanstalt für Arbeitsschutz und Arbeitsmedizin (2000) werden psychische Belastungen als die Gesamtheit der erfassbaren Einflüsse verstanden, die von außen auf den Menschen zukommen und auf ihn psychisch einwirken. Diese rufen im Menschen, in Abhängigkeit von seinen individuellen Voraussetzungen und seinem Zustand, psychische Beanspruchungen hervor, welche als die individuellen, zeitlich unmittelbaren und nicht langfristigen Auswirkungen der psychischen Belastung verstanden werden (vgl. DIN 33 405, 1987, S. 2). Demnach kann zwischen positiven (z. B. Aktivierung) und negativen (z. B. Überforderung) Beanspruchungen bzw. Beanspruchungsfolgen unterschieden werden. Es ist jedoch wichtig zu beachten, dass es sich bei dem Verhältnis zwischen Belastung und Beanspruchung nicht um einfache Reiz-Reaktionsmuster handelt, sondern Vermittlungs- und Rückkoppelungsprozesse die Beziehung zwischen Belastung und Beanspruchung auf vielfältige Weise beeinflussen können (vgl. Ulich, 2001, S. 437).

4.2 Ressourcen

Verantwortlich für das Empfinden von Beanspruchung sind die individuell vorhandenen Ressourcen einer Person. „Ressourcen sind die einer Person zur Verfügung stehenden, von ihr genutzten oder beeinflussten gesundheitsschützenden und -fördernden äußeren Handlungsmöglichkeiten und inneren Kompetenzen" (Richter, 2010, S. 77). Sie puffern die Wirkung von belastenden Faktoren auf die Gesundheit ab und können gesundheitliche Folgen kompensieren. Dabei ist es möglich, dass sowohl die Person als auch die Situation als Quelle von Ressourcen fungiert (vgl. Bamberg et al., 2003, S. 42). Deshalb wird in der Ressourcenforschung auch zwischen äußeren, situativen und inneren, personalen Ressourcen unterschieden. Situative Ressourcen können z. B. durch die physikalische oder die soziale Umwelt bereitgestellt werden. Bezogen auf die Erwerbsarbeit ergeben sich im Bereich der physikalischen Umwelt Ressourcen insbesondere aus den Arbeitsplatzbedingungen. Arbeitspsychologische Untersuchungen stellten in diesem Zusammenhang eine erhebliche Bedeutung des Handlungsspielraums fest. Kontroll- und Handlungsspielraum erlauben dem Individuum, eine Situation zu kontrollieren und nach eigenen Interessen zu beeinflussen (vgl. Nerdinger, Blickle & Schaper, 2008, S. 518f.). Nach dem Job-Demand-Control-Modell von Karasek wird eine Situation dann als besonders beanspruchend empfunden, wenn die Arbeitsanforderungen bzw. -belastungen hoch sind und der Entscheidungsspielraum niedrig.

Demnach können sowohl mit steigenden Belastungen als auch mit sinkenden Entscheidungsspielräumen negative gesundheitliche Folgen verbunden sein, welche sich in besonderem Maß durch die Kombination beider Faktoren entwickeln können (vgl. Nerdinger et al., 2008, zit. nach Karasek & Theorell, 1990, S. 519).

Im Bereich der sozialen Umwelt ergibt sich eine wichtige Ressource aus der sozialen Unterstützung. Sie bezieht sich auf unterschiedliche Formen der sozialen und emotionalen Unterstützung und kann sowohl von Kollegen und Vorgesetzten am Arbeitsplatz als auch von der Familie und dem privatem Umfeld einer Person geleistet werden. Wahrgenommene soziale Unterstützung führt dazu, dass Personen sich den gestellten Anforderungen gewachsen fühlen und sich somit weniger durch schwierige Situationen verunsichern lassen (vgl. Nerdinger et al., 2008, S. 519f.).

Internale Kontrollüberzeugungen, Bewältigungsstil, Problemlösekompetenz und Kohärenzsinn sind hingegen wichtige personale Ressourcen (vgl. Bamberg et al., 2003, S. 55). Im Rahmen des mehrdimensionalen Gesundheitsbegriffes können personale Ressourcen auch als Positivmerkmal der Gesundheit verstanden werden (vgl. Greiner, 1998. S. 50). Eine in der Forschung häufig diskutierte personale Ressource ist der Kohärenzsinn, welcher meint, dass Prozesse, Bedingungen und Ereignisse als verstehbar, handhabbar und sinnhaftig bewertet werden (vgl. Antonovsky, 1997, S. 34ff.). Der Kohärenzsinn ist also die allgemeine Grundhaltung eines Menschen gegenüber der Welt und dem eigenen Leben (vgl. BZgA, 2001, S. 28).

Einen zusammenfassenden Überblick mit Beispielen für die unterschiedlichen Ressourcenbereiche bietet Tabelle 2.

Tabelle 2: Beispiele für äußere und innere Ressourcen

Äußere Ressourcen		Innere Ressourcen
Organisationale	Soziale	Personale
▪ Ganzheitliche Tätigkeiten ▪ Aufgabenvielfalt ▪ Handlungsspielraum ▪ Partizipationsmöglichkeiten	▪ Soziale Unterstützung ▪ Positives Betriebsklima	▪ Problemlösekompetenz ▪ Flexible Bewältigungsstile ▪ Kohärenzsinn ▪ Optimismus

(Eigene Darstellung in Anlehnung an Richter & Hacker, 1998, S. 25)

Die in Tabelle 2 dargestellten äußeren und inneren Ressourcen können nicht unabhängig voneinander betrachtet werden. Beispielsweise sind innere Ressourcen vor allem bei den Menschen stark ausgeprägt, welche auch über viele äußere Ressourcen wie z. B. ein hohes Bildungsniveau, ein hohes Einkommen und hohe berufliche Entscheidungsspielräume verfügen. Ferner spielen personale Ressourcen eine wichtige Rolle bei der Nutzung situativer Ressourcen (vgl. Bamberg et al, 2003, S. 56). Zudem werden in der handelnden Auseinandersetzung des Individuums mit organisationalen Ressourcen individuelle Fähigkeiten (innere Ressourcen) entwickelt und verändert (vgl. Greiner, 1998. S. 50). Äußere und innere Ressourcen stehen also in einem wechselseitigen Abhängigkeitsverhältnis (vgl. Bamberg et al, 2003, S. 56).

Ein Zusammenhang zwischen Belastungen, Beanspruchungen, Ressourcen und Beanspruchungsfolgen kann wie folgt dargestellt werden:

Abbildung 1: Zusammenhang zwischen Belastung, Beanspruchung, Ressourcen und Beanspruchungsfolgen

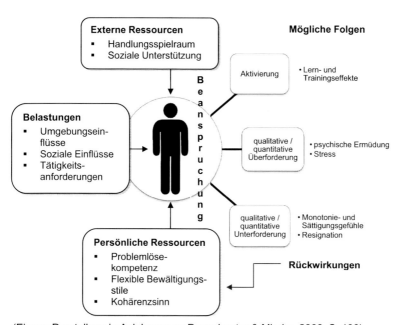

(Eigene Darstellung in Anlehnung an Poppelreuter & Mierke, 2008, S. 186)

Ressourcen wirken in den Prozess der Bewältigung von Belastungen mit ein und beeinflussen die Folgen der Beanspruchungen. Somit ist Beanspruchung keine passive Reaktion auf eine objektive Belastung. Wie Belastungen wahrgenommen werden und welche Folgen Beanspruchungen haben, hängt also im Wesentlichen von den individuell vorhandenen Ressourcen ab (siehe Abb. 1).

Beanspruchungen, die zu negativen psychischen Reaktionen führen, also entweder eine Über- oder Unterforderung einer Person bewirken, werden auch als Fehlbeanspruchungen bezeichnet. Über- und Unterforderung können dabei sowohl aufgrund von qualitativen als auch quantitativen Kriterien auftreten (vgl. Poppelreuter & Mierke, 2008, S. 24).

Auf der anderen Seite wirken auch Beanspruchungen auf die Ressourcen einer Person. Zum einen sind sie Voraussetzung für den langfristigen Aufbau bzw. Erhalt struktureller Ressourcen. Zum anderen führen

Beanspruchungen zu einer momentanen Herabsetzung der Funktionsfähigkeit, die Leistungsbereitschaft sinkt und Ermüdung tritt auf. Folglich schwächt Beanspruchung also die aktuell verfügbaren, sog. konsumptiven Ressourcen (vgl. Semmer & Udris, 2004, zit. nach Schönpflug, 1987, S. 176).

4.3 Stress und Stressoren

Der Begriff „Stress" stammt aus dem Englischen und bedeutete ursprünglich das Testen von Metallen oder Glas auf ihre Belastbarkeit. Im heutigen psychologisch-medizinischen Sinne wurde der Begriff maßgeblich von dem Biochemiker Hans Selye geprägt. Er stellte fest, dass ein Organismus bei starken Umweltbelastungen eine unspezifische Alarmreaktion aufweist, dabei ging er von einem neutralen Stressverständnis aus und bezeichnete Stress als die Aktivierung des Körpers als Antwort auf einen Reiz. Stress kann demzufolge durch negative als auch positive Ereignisse ausgelöst werden (Di-Stress und Eu-Stress; vgl. Litzcke & Schuh, 2003, zit. nach Selye, 1974, S. 10). In der nachfolgenden Ausarbeitung soll jedoch in Anbetracht des Themenschwerpunkts insbesondere auf die negativen Stresszustände eingegangen werden. Zugleich stellen auch die meisten Forschungen zum Thema Stress die negativen Stresszustände in den Vordergrund der Betrachtung (vgl. Nerdinger et al., 2008, S. 515). So ergibt sich nach Greif (1991) folgende Stressdefinition:

„Streß ist ein subjektiv intensiv unangenehmer Spannungszustand, der aus der Befürchtung entsteht, daß eine

- stark aversive,
- subjektiv zeitlich nahe (oder bereits eingetretene) und
- subjektiv lang andauernde Situation

sehr wahrscheinlich nicht vollständig kontrollierbar ist, deren Vermeidung aber subjektiv wichtig erscheint" (S. 13).

Stress wird von einer Person dann empfunden, wenn ein Ungleichgewicht zwischen den an sie gestellten Anforderungen und den persönlichen Möglichkeiten und Ressourcen zur Bewältigung dieser Anforderungen besteht. Demnach ist Stress eine Folge von Über- oder Unterforderung einer Person. Ausgehend von einer negativen Stressdefinition führen nicht alle psychischen Belastungen zu Stress (vgl. Poppelreuter & Mierke, 2008, S. 25). Die psychischen Belastungen, welche mit einer erhöhten Wahrscheinlichkeit Stress (oder Stressempfinden) auslösen, werden als Stressoren bezeichnet. Die Begriffe „Stressor" und „Stress" können also dem Begriffspaar der psychischen Belastung und Beanspruchung untergeordnet werden (vgl. Greif, 1991, S. 6ff.).

Stressoren können vielfältiger Art sein und sowohl durch Umweltfaktoren als auch durch Faktoren innerhalb der Person gegeben sein (vgl. Nerdinger et al., 2008, S. 516). Eine allgemein anerkannte Klassifikation der Stressoren bietet McGrath (vgl. 1981, S. 458ff.). Dieser unterteilt die Quellen von Beanspruchungen in die Bereiche „Faktoren aus dem materiell-technischen System" (z. B. Zeit- oder Termindruck), „Faktoren aus dem sozialen System" (z. B. soziale Konflikte) und „Faktoren aus dem personalen System" (z. B. persönliche Dispositionen). Darüber hinaus weisen die drei Bereiche Zusammenhänge untereinander auf und überlappen sich. Es entstehen Teilsysteme, welche wiederum Quellen für Stressoren sein können. Das Rahmenkonzept von McGrath diente Richter & Hacker (vgl. 1998, S. 17) als Grundlage für die Unterteilung von stressauslösenden Faktoren aus der Arbeitswelt, welche in Tabelle 3 aufgeführt sind.

Tabelle 3: Psychische Belastungen in der Arbeitswelt

Belastungen aus der Arbeitsaufgabe	• zu hohe qualitative und quantitative Anforderungen • unvollständige, partialisierte Aufgaben • Zeit- und Termindruck • Informationsüberlastung • unklare Aufgabenübertragung, widersprüchliche Anweisungen • unerwartete Unterbrechungen und Störungen
Belastungen aus der Arbeitsrolle	• Verantwortung • Konkurrenzverhalten unter den Mitarbeitern (Mobbing) • fehlende Unterstützung und Hilfeleistung • Enttäuschung, fehlende Anerkennung (Gratifikationskrisen) • Konflikte mit Vorgesetzten und Mitarbeitern
Belastungen aus der materiellen Umgebung	• Umgebungseinflüsse: Lärm, mechanische Schwingungen, Kälte, Hitze, toxische Stoffe
Belastungen aus der sozialen Umgebung	• Betriebsklima • Wechsel der Umgebung, der Mitarbeiter und des Aufgabenfelds • strukturelle Veränderungen im Unternehmen • Informationsmangel
Belastungen aus dem „behavior setting"	• Isolation • Dichte, Zusammengedrängtheit (Pferchung)
Belastungen aus dem Person-System	• Angst vor Aufgaben, Misserfolg, Tadel und Sanktionen • ineffiziente Handlungsstile • fehlende Eignung, mangelnde Berufserfahrung • familiäre Konflikte

(Eigene Darstellung nach Richter & Hacker, 1998, S. 17)

Richter & Hacker (1998) zeigen eine Reihe von Belastungen auf, welche die Qualität potenzieller Stressoren annehmen können, es jedoch nicht zwangsläufig müssen. Ferner erhebt die Zusammenstellung nicht den Anspruch auf Vollständigkeit, folgt aber der Überlegung, dass bei bekannten Zusammenhängen zwischen diesen Belastungsmerkmalen und gesundheitlichen Folgen Ansätze zur Krankheitsprävention, Gesundheitsförderung und zu Maßnahmen der Arbeitsgestaltung gegeben sein können. Allerdings wird die Zuordnung von Beanspruchungen zu Belastungen durch das kombinierte Auftreten von einzelnen Belastungen erschwert. Die sogenannten „Mehrfachbelastungen" (Dunckel, 1991) lassen zudem die Frage offen, ob sich die Wirkungen der einzelnen Belastungen addieren, sich gegenseitig verstärken, sich gegenseitig aufheben oder sich überdecken (vgl. Udris & Frese, 1999, S. 434f.)

4.4 Das transaktionale Stresskonzept

Aus der zuvor genannten Stressdefinition wird deutlich, dass es sich bei Stress nicht um ein einfaches Reiz-Reaktionskonzept handeln kann. Daher wird nach dem heutigen Forschungsstand zur Veranschaulichung und Erklärung des Stressentstehens vorwiegend das transaktionale Stressmodell von Lazarus (Lazarus & Launier, 1981) verwendet (vgl. Greif, 1998, S. 9). Nach diesem Modell werden Stresssituationen als „komplexe und dynamische Interaktions- oder Transaktionsprozesse zwischen den Anforderungen der Situation und dem handelnden Individuum" (ebd., S. 9) verstanden. Eine ausschlaggebende Rolle für die Entstehung und das Ausmaß von Stress, welcher durch einen Reiz bzw. eine Situation ausgelöst wird, spielen in erster Linie nicht die objektiven Situationsmerkmale, sondern jeweils die subjektiven Einschätzungen der Person, also die individuellen Bewertungsprozesse (vgl. Litzcke &. Schuh, 2003, S. 11f.).

Die Bewertung eines Reizes bzw. einer Situation findet dabei in drei Schritten statt: Zunächst erfolgt eine Einschätzung der Situation bezüglich des Vorhandenseins potenzieller Stressoren, deren Wirkungsstärke und deren zeitlichen Verlauf sowie bezüglich der Notwendigkeit einer veränderten Verhaltensweise (primary appraisal). Wird eine Situation als potenzielle Schädigung/Verlust, Bedrohung oder Herausforderung eingeschätzt, so erfolgt in einem zweiten Schritt die Bewertung der verfügbaren Ressourcen zur Bewältigung der bedrohlichen Situation (secondary appraisal). Der Versuch der Stressbewältigung wird häufig auch als Coping bezeichnet. Die aus der sekundären Bewertung resultierenden Bewältigungsstrategien bzw. Copingstrategien können sowohl instrumenteller als auch palliativer Art sein. Von instrumentellen Bewältigungsformen spricht man, wenn die Bedrohung durch direkte Handlungen verringert wird. Palliative Bewältigungsstrategien erkennt man daran, dass sie zwar eine vorübergehende Entlastung der Bedrohung ermöglichen, jedoch die Ursachen von Stress nicht verändern.

Anhand der sekundären Bewertung erfolgt eine erneute Beurteilung der Situation, dabei wird festgestellt, ob die Bewältigung erfolgreich verlaufen ist (reappraisal). Mit der Neubewertung der Situation endet der Kreislauf der kognitiven Bewertung nicht, sondern kann sich beliebige Male wiederholen (vgl. Lazarus & Launier, 1981, S. 233ff.; Nerdinger et al., 2008, S. 518). Kann die bedrohliche Situation aufgrund einer Diskrepanz zwischen Anforderungen und Ressourcen nicht überwunden werden, empfindet die betroffene Person Stress (vgl. Nerdinger et al., 2008, S. 522).

Stressoren und Ressourcen beeinflussen die Bewertungs- und Bewältigungsprozesse, welche wiederum Auswirkungen auf die Gesundheit einer Person haben. Hieraus ergeben sich abermals Rückwirkungen auf die Stressoren und Ressourcen und somit auf die stressauslösende Situation sowie auf die individuellen Handlungsvoraussetzungen des Individuums. Stressoren und Ressourcen, Bewertungs- und Bewältigungsprozesse als auch die Gesundheit befinden sich also in einem ständigen Fluss. Daraus ergibt sich, dass es sich bei Stress um einen transaktionalen Prozess handelt (vgl. Bamberg et al., 2003, S. 42).

4.5 Stressfolgen

Die möglichen Folgen von Stress sind vielfältig und können nach zeitlichen Wirkungen und Symptomebenen unterschieden werden. Sie reichen von kurzfristigen, aktuellen Reaktionen bis zu langfristigen, chronischen Manifestationen mit körperlichem und/oder psychischem Krankheitscharakter und lassen sich auf drei Ebenen, welche direkt die Person betreffen und einer Ebene, die das Umfeld der Person betrifft, beschreiben (vgl. Udris & Frese, 1999, S. 432). Einen Überblick über die möglichen Folgen von Stress bietet Tabelle 4.

Tabelle 4: Klassifikation möglicher Stressfolgen

	Kurzfristige, aktuelle Reaktionen	Mittel- bis langfristige, chronische Reaktionen
Physiologisch, somatisch	<ul><li>Erhöhte Herzfrequenz</li><li>Blutdrucksteigerung</li><li>Ausschüttung von Cortisol und Adrenalin („Stresshormone")</li></ul>	<ul><li>Psychosomatische Beschwerden und Erkrankungen</li><li>Beeinträchtigung des Wohlbefindens</li><li>Unzufriedenheit</li><li>Resignation</li><li>Depressivität</li><li>Burnout</li></ul>
Psychisch, kognitiv-emotional	<ul><li>Anpassung, Nervosität, innere Unruhe</li><li>Frustration</li><li>Ärger</li><li>Ermüdungs-, Monotonie- und Sättigungsgefühle</li></ul>	<ul><li>Eingeschränktes Selbstwertgefühl</li><li>Ängste</li><li>Fehlende Entwicklung neuer Bewältigungsstrategien</li></ul>
Verhalten, individuell	<ul><li>Leistungsschwankungen</li><li>Nachlassen der Konzentration</li><li>Fehlhandlungen</li><li>Schlechte sensomotorische Koordination</li><li>Hastigkeit und Ungeduld</li></ul>	<ul><li>Vermehrter Nikotin-, Alkohol- und Medikamentenkonsum</li><li>Fehlzeiten (Krankheitstage)</li><li>Präsentismus</li><li>Innere Kündigung</li><li>Kritisches Gesundheitsverhalten</li><li>Verringertes Aktivitätsniveau</li></ul>
Verhalten, sozial	<ul><li>Erhöhte Reizbarkeit</li><li>Konflikte</li><li>Streit</li><li>Mobbing</li><li>Aggression gegen andere</li><li>Rückzug (Isolierung) innerhalb und außerhalb der Arbeit</li></ul>	

(Eigene Darstellung in Anlehnung an Kaufmann, Pornschlegel & Udris, 1982, S. 24; Greif, 1991, S. 25; Udris & Frese, 1999, S. 432; Bamberg et al., 2003, S. 58)

Allgemein führen Stresserlebnisse zunächst zu kurzfristigen Veränderungen der Körperfunktionen, welche nach dem allgemeinen Adaptationssyndrom (AAS) von Selye (1981) in den Phasen der Alarmreaktion, des Widerstandes und der Erschöpfung beschrieben werden können. Zur Abwehr von Gefahren wird der Körper durch Ausschüttung von Hormonen in Alarmbereitschaft versetzt, was zu einer höheren Leistungsbereitschaft führt (Alarmphase). Dauert die Stresssituation länger an, passt sich der Körper, unter Veränderung wichtiger Funktionen, an die Stressbedingungen an, wodurch die Widerstandskraft gegen den

Stressor erhöht wird (Widerstandsphase). Kurzfristige Folgen einer Stresssituation können beispielsweise eine erhöhte Herzfrequenz, Frustration, Leistungsschwankungen oder eine ineffiziente Handlungsregulation sein. Konnte die Stress auslösende Situation erfolgreich bewältigt werden, wird der Körper durch Abbau der Stresshormone langsam wieder auf ein normales Niveau gebracht. Bei chronischen Belastungen kann die aufgebaute Energie nicht ausgenutzt werden, die Entspannungsreaktion wird verzögert, der Körper bleibt im Widerstand. Die Anpassung an Stressbedingungen hat allerdings seine Grenzen. Bleibt nach einer Stresssituation keine Zeit zur Erholung, kommt es zu einer anhaltenden Aktivierung des Körpers und damit letztendlich zur Erschöpfung (vgl. Nerdinger et al., 2008, S. 523f.). Selbst wenn der Stressor verschwindet, halten Stresssymptome häufig an. Der Organismus benötigt genügend Zeit, um nach einer Stressreaktion wieder in den Normalzustand zu kommen. Folglich können chronische Stresszustände ernsthafte Folgen haben und auf direktem oder indirektem Wege zum Entstehen körperlicher und psychischer Krankheiten beitragen (vgl. Allenspach & Brechbühler, 2005, S. 83). Dabei ist die Annahme falsch, dass psychische Belastungen zu rein psychischen Folgen und körperliche Belastungen zu rein körperlichen Folgen führen. Vielmehr können alle denkbaren Stressoren zu Stresszuständen mit körperlichen und/oder psychischen Auswirkungen führen (vgl. Poppelreuter & Mierke, 2008, S. 29). Nach wissenschaftlichen Schätzungen werden zwischen 70 und 80 Prozent aller Krankheiten zumindest mit Stress assoziiert (vgl. Allenspach & Brechbühler, 2005, S. 83). Der Weg zur Erkrankung verläuft unterschiedlich. Stress kann sich beispielsweise negativ auf das Immunsystem auswirken und somit den Ausbruch und Verlauf der Krankheiten beeinflussen (vgl. Bamberg et al., 2003, S. 58). Er wirkt sich aber auch auf das Aktivitätsniveau und Gesundheitsverhalten einer Person aus. Gestresste Menschen essen häufig ungesünder, schlafen und bewegen sich weniger. Zudem führt anhaltender Stress vielfach zu einem vermehrten Alkohol-, Drogen- und/oder Medikamentenmissbrauch (vgl. Greif, 1991, S. 25). Zu den am häufigsten genannten langfristigen gesundheitlichen Auswirkungen von Stress zählen

Herz-Kreislauf-Erkrankungen, Depressivität und das Burnout-Syndrom (vgl. Nerdinger et al., 2008, S. 524). Stressfolgen können nach dem transaktionalen Stressmodell jedoch nicht nur sehr vielfältig, sondern auch interindividuell und intersituativ verschieden sein (vgl. Greif, 1991, S. 18). Hinzu kommt, dass Belastungssituationen insbesondere auch durch Verarbeitung und nicht allein durch Anpassung bewältigt werden (vgl. Richter, 1998, S. 13).

Gesundheitsstörungen, die ganz oder teilweise durch Arbeitsumstände verursacht werden oder eine enge Beziehung zu Belastung und Beanspruchung am Arbeitsplatz haben, werden als arbeitsbedingte Erkrankungen bezeichnet. Kommen am Arbeitsplatz mehrere ungünstige Faktoren zusammen, entstehen chronische Stresszustände und schließlich körperliche und psychische Beschwerden (vgl. Allenspach & Brechbühler, 2005, S. 84). Hierfür sind in der Regel keine außergewöhnlichen Ereignisse verantwortlich, sondern kleinere, alltägliche Stressoren (vgl. Udris & Frese, 1999, S. 431f.), die durch gleichzeitiges und dauerhaftes Auftreten auf die Leistungsvoraussetzungen einer Person einwirken. Man spricht in diesem Zusammenhang auch von dem Begriff der Mehrfachbelastung. Dabei ist nicht wesentlich, dass die Stressoren zeitgleich auftreten, sondern, dass sich ihre Auswirkungen überlagern. Mehrfachbelastung meint hier keine kurzfristige und/oder zufällige Kombination unterschiedlicher Stressoren, sondern ihr dauerhaftes Zusammenwirken. Dauerhaft bedeutet in diesem Fall nicht, dass die Kombination unbedingt ständig bestehen muss, sie muss jedoch wiederholt mit entsprechender Intensität und Zeitdauer auftreten (vgl. Dunckel, 1991. S. 156). Mehrfachbelastungen können aber nicht nur durch das Auftreten mehrerer Stressoren am Arbeitsplatz verursacht werden. Auch der Versuch, den Ansprüchen verschiedener Lebensbereiche wie Beruf, Familie und Freizeit gerecht zu werden, kann zu Mehrfachbelastungen führen (vgl. Allenspach & Brechbühler, 2005, S. 40).

Die Folgen von Stress betreffen jedoch nicht nur das einzelne Individuum, sondern sind auch aus betriebswirtschaftlicher bzw. volkswirtschaftlicher Sicht von Bedeutung. Volkswirtschaftlich gesehen bedeuten kranke Arbeitnehmer erhöhte Kosten für das soziale Sicherungssystem (vgl. BMFSFJ, 2005, S. 7). Für Unternehmen führen Erkrankungen der Beschäftigten häufig zu hohen Produktivitätsverlusten (vgl. Krone & Flegel, 2007, S. 36). Kosten entstehen dabei nicht nur durch das Fehlen des Mitarbeiters am Arbeitsplatz (Absentismus), sondern auch dann, wenn Mitarbeiter trotz Krankheit zur Arbeit erscheinen. Man spricht in diesem Zusammenhang auch von krankheitsbedingtem Präsentismus, wobei Krankheit eine Beeinträchtigung körperlicher, geistig-seelischer oder sozialer Fähigkeiten bedeutet, durch welche die Leistungsfähigkeit und das Wohlbefinden der betroffenen Person eingeschränkt sind (vgl. Jahn, 2010, S. 355). Präsentismus wird daher auch als „Produktivitätseinbußen bedingt durch beeinträchtigte Gesundheit" definiert (Badura, 2010, zit. nach Hemp, 2004, S. 8) und steht insbesondere mit chronischen Erkrankungen in Verbindung (vgl. Jahn, 2010, S. 356). Im Hinblick auf psychische Erkrankungen entsteht Präsentismus u. a. durch die fehlende Akzeptanz dieser Erkrankungen im Umfeld der Betroffenen. Viele Betroffene glauben, dass psychische Erkrankungen als Ursache für das Fehlen am Arbeitsplatz von Kollegen und Vorgesetzten weniger akzeptiert sind als das Fehlen aufgrund körperlicher Erkrankungen (Jahn, 2010, S. 356). Dies lässt vermuten, dass mit dem Anstieg psychischer Erkrankungen auch der Präsentismus zunimmt.

Jedoch können sich nicht nur chronische Leiden negativ auf die geleistete Arbeit auswirken. Auch akute Beeinträchtigungen durch Kopfschmerzen, Schlaflosigkeit oder Rückenschmerzen können einem Unternehmen erheblichen Schaden zufügen (vgl. Badura, 2010, S. 9). Die Ergebnisse der Präsentismusforschung der letzten Jahre legen dabei nahe, dass eine verminderte Arbeitsfähigkeit bei gleichzeitiger Präsenz am Arbeitsplatz sogar einen viel größeren Produktivitätsverlust als Absentismus mit sich bringt (vgl. Jahn, 2010, S. 362) und gleichzeitig dem Individuum schadet (vgl. Badura, 2010, S. 9).

5. Work-Life Balance – der Ausgleich zwischen Arbeit und Freizeit?

Das Thema WLB ist nicht neu, doch hat es in den letzten Jahren zunehmend an Popularität gewonnen. Im deutschsprachigen Raum beschäftigt sich seit Anfang der Neunzigerjahre eine Vielzahl von wissenschaftlichen und populärwissenschaftlichen Untersuchungen mit diesem Thema. Der Begriff WLB zeigt sich dabei sehr facettenreich, sodass die genaue Bedeutung unklar ist und er in der Praxis sehr unterschiedlich verwendet wird (vgl. Michalk & Nieder, 2007, S. 17). Die Popularität des Themas steht also in keinerlei Beziehung zur Klarheit des Begriffs (vgl. Resch & Bamberg, 2005, S. 171). Dies zeigt sich schon an der Widersprüchlichkeit des WLB-Begriffs. Durch die Gegenüberstellung der Begriffe „Work" und „Life" wird impliziert, dass die Erwerbsarbeit einen nicht zum Leben dazugehörigen Bereich darstellt. Demzufolge würde das eigentliche Leben, in der Einzelne Sinnerfüllung und Selbstverwirklichung sucht, nur außerhalb der Erwerbsarbeit stattfinden (vgl. Hoff et al., 2005, S. 196). Allerdings kann Erwerbsarbeit, wie in Kapitel 2 erläutert, nicht nur als ökonomische Notwendigkeit verstanden werden.

Nichtsdestotrotz wird WLB im alltagssprachlichen Gebrauch „zunächst als Balance aus Erwerbsarbeit im Kontext von ‚Mühe', Belastung und Beanspruchung sowie ‚Müssen' auf der einen Seite und aus Privatleben im Kontext von Ruhe, Erholung, ‚Dürfen' und ‚Akku aufladen' auf der anderen Seite gesehen" (Kastner, 2010, S. 3). Es herrscht also die verbreitete Annahme, dass WLB den Ausgleich zwischen Arbeit und Freizeit bezeichnet. Hierbei handelt es sich allerdings um ein populäres Missverständnis. Anders als häufig angenommen bezieht sich die Balance nicht auf den Ausgleich zwischen Freizeit und Arbeit, sondern auf das Austarieren von belastenden[1] und erholenden Aktivitäten in beiden Handlungsbereichen (vgl. Kastner, 2010, S. 3). Zur Veranschaulichung eignet sich folgendes Vier-Felder-Schema:

---

[1] Der Begriff der Belastung wird folgend im Zusammenhang mit WLB mit dem Begriff des Stressors gleichgesetzt. Demzufolge führen psychische Belastungen mit einer erhöhten Wahrscheinlichkeit zu Stress (oder Stressempfinden).

Abbildung 2: Beanspruchung und Entspannung im Arbeits- und Privatbereich

	Belastung / Beanspruchung	Erholung / Entspannung
Bereich Arbeit	**A** z. B. Zeit- und Termindruck	**B** z. B. soziale Unterstützung bei der Arbeit
Bereich Privat	**C** z. B. Kinder, Haushalt, Pflege von Angehörigen	**D** z. B. Urlaub, Massagen

(Eigene Darstellung in Anlehnung an Kastner, 2010, S. 2)

Die Felder A und D entsprechen der klassischen Sichtweise von WLB. Das Vier-Felder-Schema zeigt allerdings, dass man auch im privaten Bereich Belastungs- und Beanspruchungsaspekte finden kann, welche sich beispielsweise durch die Pflege von Angehörigen oder durch Erledigungen im Haushalt ergeben können (C). Auf der anderen Seite bietet auch der Bereich der Arbeit Erholungs- und Regenerationsmöglichkeiten. Demzufolge ließen sich in Feld B u. a. auch Personen finden, deren Arbeit zugleich ihr Hobby ist (vgl. ebd., S.3ff.).

Trotz der Feststellung, dass sich belastende Faktoren in beiden Handlungsbereichen finden lassen, soll der Schwerpunkt der Betrachtung auf den Belastungen liegen, welche sich aus der Arbeitswelt ergeben. Belastungen, die sich im privaten Bereich ergeben, werden in der Betrachtung weitestgehend außer Acht gelassen. Die Auswahl dieser Vorgehensweise hat mehrere Gründe: Zum einen bezieht sich die Fragestellung der Studie auf die Maßnahmen, welche ein Betrieb zur Verfügung stellen kann, um zum Aufbau und Erhalt der WLB seiner Beschäftigten beizutragen. Maßnahmen solcher Art können zwar auf die Privatwelt einwirken, jedoch nicht dort angesetzt werden. Zum anderen bestätigen viele empirische Untersuchungen zum Thema WLB, dass belastende Einflüsse sehr viel häufiger von dem Bereich Arbeit in die Familie, sprich in den privaten Bereich, als umgekehrt wirken (vgl. Badura & Vetter, 2004, S. 12). Hinzu kommt, dass Entgrenzungsprozesse meist einseitig verlaufen, was in der Regel nicht der Erholung und Regeneration zugutekommt, sondern dazu führt, dass wirtschaftliche Anforderungen das Leben dominieren (vgl. Jürgens & Voß, 2007, S. 7). Die veränderten und sich immer weiter verändernden Arbeitsbedingungen erhöhen den Druck auf die Beschäftigten. Globalisierungsdruck, Marktdruck, Konkurrenzdruck, Dynaxitätsdruck, Zeitdruck, Kostendruck, Qualitätsdruck, Veränderungsdruck und Selbstmanagementdruck, um nur einige Beispiele zu nennen, zwingen die Arbeitnehmer immer häufiger dazu, unfreiwillig mehr Zeit auf bzw. mit der Arbeit zu verbringen (vgl. Kastner, 2010b, S. 20). Der Trend ist deutlich erkennbar und wird von Opaschowski (vgl. 2001, S. 66) mit folgender Arbeitsformel festgehalten: „0,5 x 2 x 3". Diese Formel besagt, dass zukünftig die Hälfte der Mitarbeiter doppelt so viel verdienen, dafür jedoch dreimal so viel leisten müssen wie früher.

Objektiv betrachtet lässt sich eindeutig ein Zuwachs an psychischen Belastungen bzw. Stressoren in der Arbeitswelt (vgl. Tabelle 3) verzeichnen. Hinzu kommt, dass diese immer häufiger kombiniert auftreten, wodurch Mehrfachbelastungen entstehen. Die zunehmend geforderte Selbst-Ökonomisierung und Selbst-Rationalisierung führt zu einer auf die Erwerbsarbeit ausgerichteten Lebensweise (vgl. Pongratz & Voß, 2004, S. 25) und fordert stärker als bisher eine Identifikation mit den Unternehmenszielen und eine Verinnerlichung der Marktlogik (vgl. Jürgens & Voß, 2007, S. 6). Die Identifikation mit den Unternehmenszielen rechtfertigt in vielen Fällen eine Ausdehnung der Arbeitszeit, um die ambitionierten Ziele des Unternehmens zu erreichen. Entgrenzungsprozesse und moderne Kommunikationstechniken unterstützen den Einzug von Belastungen aus der Arbeitswelt in den privaten Handlungsbereich. Nicht selten werden Beschäftigte auch mit mentalen Entgrenzungsphänomenen konfrontiert. Die gedankliche Befangenheit durch Arbeitsthemen erschwert Entspannungszustände und Regeneration. Wird dem zunehmenden Druck durch eine Auflösung der Arbeitsgrenzen begegnet (Beispiel: Mehrarbeit am Wochenende), verringert sich die Zeit für Regeneration und Erholung in der privaten Lebenswelt und die Belastung kann sich summieren. Die wechselseitige

Aufschaukelung von Beanspruchungen zwischen beruflichem und privatem Kontext wird als „Spill-Over-Effekt" bezeichnet. Diese Entwicklungen begünstigen letztlich auch Tendenzen zur Selbstausbeutung (vgl. Kastner & Wolf, 2005, S. 29ff.). Infolge der *Imbalance* zwischen belastenden und erholenden Aktivitäten entsteht Dauerstress, welcher ernsthafte Folgen haben kann und auf direktem oder indirektem Wege zur Entstehung arbeitsbedingter Erkrankungen beitragen kann (vgl. Allenspach & Brechbühler, 2005, S. 83). Gesundheit kann in diesem Kontext auch als langfristige Folge einer funktionsfähigen WLB gesehen werden.

Die Entwicklungen machen deutlich, dass WLB zwar erstrebenswert ist, sich jedoch immer schwieriger realisieren lässt (vgl. Hoff et al., 2005, S. 197).

Die Arbeitswelt bietet für den Einzelnen immer weniger Transparenz, Sicherheit, Kontrolle und Planbarkeit, dadurch werden empfundene Sicherheit und Möglichkeiten der Regeneration im privaten Handlungsbereich immer bedeutender (vgl. Kastner, 2010, S. 4).

5.1 Modell der Wippe als Metapher für WLB

Die Überlegungen machen deutlich, dass der Begriff WLB eine populäre, wenn auch unglücklich gewählte Bezeichnung eines facettenreichen und wichtigen Themengebietes ist (vgl. Resch & Bamberg, 2005, S. 171). Im Folgenden soll das Phänomen WLB anhand des Modells der Wippe von Kastner (2010) beschrieben werden. Das WLB-Modell soll Hinweise auf die Dynamik der Wechselwirkungen zwischen personalen, situativen und organisationalen Faktoren bieten (vgl. ebd., S. 37). Zunächst erscheint es nach Kastner (2010) sinnvoll, den Arbeitsbegriff durch den Tätigkeitsbegriff zu ersetzen. Denn wie aus Abbildung 2 ersichtlich, kann beispielsweise Erwerbsarbeit nicht immer als Arbeit im eigentlichen Sinne verstanden werden (Feld B). Gleichzeitig finden sich im privaten Bereich Tätigkeiten, die von der Person als belastend empfunden werden und die für sie Arbeit darstellen (Feld C). Kastner schlägt in diesem Zusammenhang vor, zwischen investiven und konsumtiven Tätigkeiten zu unterscheiden. Investive Tätigkeiten werden durch den Einsatz von Energie, Zeit und Geld für die Zukunft charakterisiert. Das Ziel besteht darin, durch eine zufriedenstellende Rentabilität (Return on Investment) Lebensbedürfnisse befriedigen zu können. Hierzu zählen in der Regel Tätigkeiten zum Zwecke des Gelderwerbs. Jedoch gehören neben der Erwerbsarbeit auch Eigenarbeit und unbezahlte soziale Engagements zu den investiven Tätigkeiten. Hingegen sind konsumtive Tätigkeiten solche, in denen das Verdiente verbraucht bzw. die Früchte der investiven Tätigkeiten geerntet werden können. Sowohl investive als auch konsumtive Tätigkeiten können dabei als sinnvoll oder sinnlos und als motivierend oder demotivierend empfunden werden. Wie die einzelnen Tätigkeiten von einer Person eingestuft werden, hängt von ihrer persönlichen, individuellen Bewertung ab (vgl. S. 5ff.).

Bei Kastners Modell (2010) dient die Wippe als Metapher für die WLB. Es geht jedoch weniger um das Bild der Wippe. Das Entscheidende der Metapher ist der Wipp-Prozess zwischen Anforderungen und Belastungen auf der einen Seite und Ressourcen auf der anderen Seite (vgl. Abbildung 3).

Abbildung 3: Das Modell der WLB

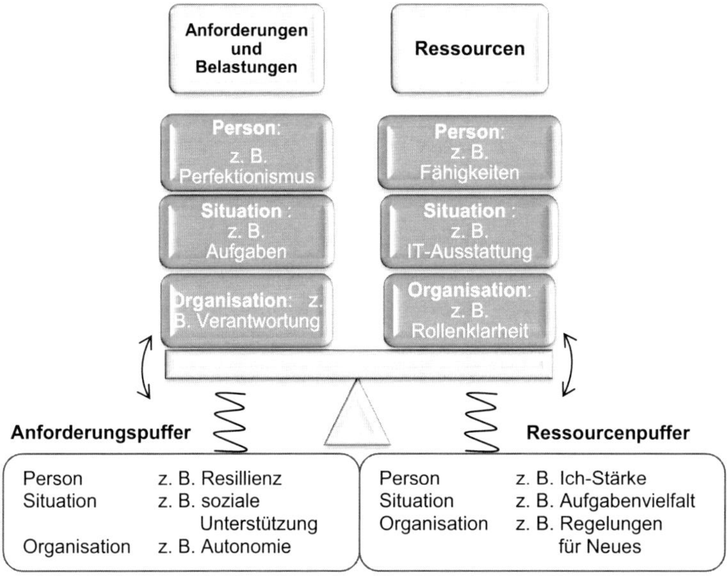

(Eigene Darstellung in Anlehnung an Kastner, 2010, S. 38)

Anforderungen (z. B. Arbeitsaufgabe) und Belastungen (z. B. Lärm) beanspruchen und drücken auf die linke Seite der Wippe. Für einen balancierten Wipp-Prozess müssen gleichzeitig Ressourcen auf der rechten Seite der Wippe aufgebaut werden, um die Belastungen und die sich daraus ergebenden Beanspruchungen zu bewältigen. Aber auch fehlende Anforderungen können im Sinne der Unterforderung zu einer Beanspruchung werden, daher ist ein wohlausgewogenes Gleichgewicht zwischen beiden Komponenten wichtig (vgl. Kastner & Wolf, 2005, S. 29). Das Entstehen einer *Imbalance* kann auch durch Puffer auf beiden Seiten der Wippe vermieden bzw. abgefedert werden (vgl. Kastner, 2010, S. 38).

Puffer können nicht mit Ressourcen gleichgesetzt werden, letztere dienen dazu, gewünschte Aktivitäten bzw. Energien zu verstärken, wohingegen Puffer die Wirkung unerwünschter Aktivitäten bzw. Energien (Fehlbeanspruchungen) mildern sollen. Das Wesen von Puffern besteht u. a. darin, dass in ihre Pflege und ihren Erhalt investiert wird, jedoch in der Hoffnung, nie auf sie zurückgreifen zu müssen. Puffer können daher mit einer Versicherung verglichen werden. Im Sinne des WLB-Modells kann z. B. Erholungsfähigkeit als ein personaler Puffer angesehen werden, auf den bei einem idealen Wipp-Prozess nie zurückgegriffen werden muss, da Belastungen und Ressourcen im Gleichgewicht sind. Dennoch sollte in ihren Erhalt und Aufbau investiert werden, um im Falle einer Überforderung die negativen Folgen abzumildern. Puffer können aber auch auf der Ressourcenseite wirken und zwar dann, wenn Ressourcen keinen Ausgleich durch adäquate Anforderungen erhalten, wie es beispielsweise im Falle der Arbeitslosigkeit erfolgen kann (vgl. Kastner, 2010, S. 39).

Allerdings ist es möglich, dass ein und dasselbe Phänomen sowohl als Belastung, Ressource und/oder Puffer auftreten kann. Beispielsweise kann Geld zur Belastung werden, wenn man Angst hat, es zu verlieren. Meistens ist es jedoch eine Ressource, da man mit ihm noch mehr Geld verdienen kann. Im Falle des toten Kapitals im Sparstrumpf kann Geld jedoch auch als Puffer fungieren (vgl. Kastner, 2010b, S. 14).

Eine funktionsfähige WLB ist Voraussetzung für die Gesundheit eines Individuums. Um diese zu erreichen, ist es nach Kastner (vgl. 2010, S. 41ff.) notwendig, dass fünf unterschiedliche Balanceprozesse bestmöglich eingehalten werden:

Balance 1: Gleichgewicht

Anforderungen und Belastungen sollten möglichst im Gleichgewicht zu den vorhandenen Ressourcen stehen, um starke Ausschläge der Wippe zu vermeiden.

Balance 2: Vermeidung von Überforderung

Um das „Durchknallen" der Wippe auf der Anforderungs- und Belastungsseite (Überforderung) zu vermeiden, ist es notwendig, dass genügend Anforderungspuffer aufgebaut und erhalten werden. Anforderungspuffer helfen Stressphänomene, Burn-out etc. zu verhindern.

Balance 3: Vermeidung von Unterforderung

Gleiches gilt auch für die Ressourcenseite: Wer Unterforderung vermeiden will, muss Ressourcenpuffer aufbauen und erhalten. Durch Neugier, Interessen, die Umdefinition von Zielen und die Bereitschaft zum Neuen bzw. Experimentierfreude können Zeiten mit unzureichenden Anforderungen gemeistert werden, ohne dass es zu Sinnleere oder Fehlverhalten wie z. B. Drogenkonsum kommt.

Balance 4: Verhältnis von Ressourcen und Puffern

Das Ausbalancieren der Investitionen in Puffer und Ressourcen ist notwendig, damit insbesondere der Aufbau und Erhalt von Puffern nicht unbeachtet bleibt.

Balance 5: Verhältnis von Anforderungen und Puffern

Anforderungen müssen sowohl in qualitativer als auch in quantitativer Sicht nach individuellen Fähigkeiten und Fertigkeiten (Ressourcen) ausgesucht werden. Über- oder Unterschätzung führt zur Auswahl inadäquater Herausforderungen und damit oft zum Misslingen der Balanceprozesse 2 und/oder 3, was letztlich auch Balance 1 ins Ungleichgewicht geraten lässt.

Die Balanceprozesse sollten so austariert werden, dass im Rhythmus von Beanspruchung und Regeneration eine dynamische Stabilität aufrechterhalten werden kann (vgl. Kastner & Wolf, 2005, S. 29). Dysfunktionale Balanceprozesse führen hingegen zu negativen Beanspruchungsfolgen wie Über- und Unterforderung. Das Modell zeigt also, dass eine ausgeglichene Balance Stresszustände aufgrund von Fehlbeanspruchungen verhindern und somit dem Entstehen von arbeitsbedingten Erkrankungen entgegenwirken kann.

Die Entwicklungen in der Arbeitswelt führen jedoch in der Regel dazu, dass Anforderungen, beispielsweise durch die Zunahme von komplexen Aufgabenstellungen, zunehmen. Hingegen nehmen die Puffer auf der Anforderungsseite ab, so werden für die Aufgabenerledigung kaum Personal- oder Zeitpuffer eingeplant. Die Dynamik der Veränderungen macht es schwer, sich in der vorhandenen Zeit genügend Ressourcen aufzubauen bzw. diese aufrechtzuerhalten. Die Entwicklungen führen letztlich dazu, dass Überforderung gefördert wird.

5.2 Stressoren aus der Arbeitswelt – Risikofaktoren für das Entstehen einer Imbalance

Im WLB-Modell nach Kastner (2010) wirken Belastungen auf die linke Seite der Wippe. Jede objektive Belastung erhöht das Risiko, dass die Wippe auf der linken Seite hängen bleibt und es zur Überforderung des Individuums kommt. Diese Reaktion fällt individuell sehr unterschiedlich aus, da Belastungen je nach Ausstattung von Ressourcen und Puffern unterschiedlich wahrgenommen werden. Daher kann eine Vielzahl von Faktoren eine *Imbalance* zwischen Belastungen und Ressourcen erzeugen und zum Stressempfinden beitragen (vgl. Tabelle 3).

Im Folgenden sollen exemplarisch einige Stressoren aus der Arbeitswelt erläutert werden, die insbesondere auch mit dem Übergang von der Industrie- zur Dienstleistungsgesellschaft und mit der zunehmenden Globalisierung zusammenhängen. Die beispielhaft ausgesuchten Faktoren sollen mögliche Ansatzpunkte für betriebliche WLB-Maßnahmen aufzeigen.

5.2.1 Arbeitsplatzunsicherheit

Die Studie „Ausmaß, Stellenwert und betriebliche Relevanz psychischer Belastungen bei der Arbeit" der Initiative Gesundheit und Arbeit (IGA) (2004) belegt, dass Arbeitsplatzunsicherheit als einer der relevantesten Faktoren zum Entstehen von Fehlbelastungen beitragen kann (vgl. Hauptverband der gewerblichen Berufsgenossenschaften [HVBG], Berufsgenossenschaftliches Institut Arbeit und Gesundheit [BGAB] & Betriebskrankenkassen [BKK] Bundesverband, 2004). Das Risiko, arbeitslos zu werden und/oder den erreichten Status im Betrieb nach einem Stellenwechsel zu verlieren, kann für die Beschäftigten Stress bedeuten. Bei langanhaltenden Sorgen werden die Stresszustände chronisch und somit gesundheitsgefährdend (vgl. Garhammer, 2004, S. 66). „Chronischer Stress stellt sich [...] in Verbindung mit Angst und Sorgen über die eigene Zukunft dann vermehrt ein, wenn der Erwerbsverlauf weniger als planbar und durch die eigene Anstrengung als gestaltbar und häufiger als unsicher erlebt wird" (ebd., S. 66).

Die Ökonomisierung der Arbeitskraft führt dazu, dass Beschäftigte selbst für das Bestehen ihres Arbeitsplatzes verantwortlich sind. Nur wer etwas leistet, wird gebraucht (vgl. Pongratz & Voß, 2004, S. 25). Die geforderte Leistung zu erbringen, gestaltet sich jedoch immer schwieriger. Um die ambitionierten Ziele des Unternehmens zu erreichen, sind Arbeitnehmer gezwungen, stetig zeit- und kostengünstiger zu arbeiten und dabei die Qualität ihrer Arbeit zu verbessern (vgl. Kastner, 2010, S. 21). Gleichzeitig verkürzt sich durch den technischen Fortschritt die Halbwertszeit des Wissens (vgl. Zaugg, 2006, S.17), was zu weiteren Unsicherheiten in der Lebensplanung führt. Insbesondere gering qualifizierte Beschäftigte müssen befürchten, dass mit voranschreitender technischer Entwicklung ihr Arbeitsplatz in Zukunft nicht mehr benötigt wird. Zusätzlich steigt durch die Globalisierung der Konkurrenzdruck sowohl zwischen den Unternehmen als auch zwischen den Beschäftigten (vgl. Kastner, 2010, S. 19). Die Entwicklungen können die Angst zu versagen verstärken und somit auch die subjektiv empfundene Angst vor einem Arbeitsplatzverlust erhöhen. Auch das zunehmende Outsourcing von Geschäftsbereichen (vgl. Ewers et al.,

2006, S. 26) lässt Arbeitsplatzunsicherheit entstehen. Die Beschäftigten arbeiten mit dem Druck, dass auch die Aufgaben ihrer Abteilung an Dritte übergeben werden könnten.

Neben subjektiv empfundener Arbeitsplatzunsicherheit führen atypische Beschäftigungsverhältnisse (Leiharbeit, befristete Beschäftigungsverhältnisse etc.) zur unmittelbaren Sorge um die Zukunft, auf welche die Beschäftigten nur in geringem Maße Einfluss nehmen können.

Besonderen Einfluss auf die Angst, seinen Arbeitsplatz zu verlieren, hat die wirtschaftliche Lage. Die jüngste Finanz- und Wirtschaftskrise zeigt, dass bei wirtschaftlichem Abschwung der Krankenstand sinkt (vgl. Welt Online, 11.04.2009, Zugriff am 07.04.2011) und erst bei wirtschaftlichem Aufschwung wieder steigt (vgl. Welt Online, 19.07.2010, Zugriff am 07.04.2011). Dieses Phänomen lässt sich mit der Angst vor dem Verlust des Arbeitsplatzes interpretieren.

Für das Entstehen chronischer Stresszustände ist es dabei irrelevant, ob Arbeitsplatzunsicherheit nur subjektiv empfunden wird oder objektiv tatsächlich existiert.

5.2.2 Mehr Druck durch mehr Freiheit

Das Prinzip der neuen unternehmerischen Führung setzt auf die vermehrte Selbstständigkeit der Arbeitnehmer, welche ihre Tätigkeiten nach den unternehmerischen Erfordernissen weitestgehend selbst strukturieren, steuern und kontrollieren müssen. Beschäftigte werden mit unternehmerischen Problemen konfrontiert, die zuvor dem Management vorbehalten waren (vgl. Pongratz & Voß, 2004, S. 23f.). Durch das Führen durch Zielvereinbarungen findet die Regulierung der Arbeit nicht mehr durch Zeit, sondern durch Ziele statt (vgl. Jürgens, 2005, S. 46). Letztlich zählt das Ergebnis und nicht der Weg dorthin. Aufgrund der verstärkten Ergebnisorientierung erhöht sich der Druck, dieser gerecht zu werden, denn nur wer etwas leistet, wird auch gebraucht. Zugleich entsteht durch die erhöhte Konkurrenz zwischen und innerhalb der Unternehmen eine Dynamik der Maßlosigkeit. Durch die ständige Orientierung an dem Besten (Benchmarking) werden die Anforderungen immer höher. Gleichzeitig ist es das Ziel, Produkte und Dienstleistungen kostengünstiger und schneller als die anderen Unternehmen bzw. die anderen Einheiten im Unternehmen anzubieten (vgl. Glissmann, 2005, S. 169ff.). Der IGA-Report macht dabei deutlich, dass insbesondere der zunehmende Zeitdruck zum Entstehen von Fehlbelastungen beitragen kann (vgl. HVBG, BGAB & BKK Bundesverband, 2004). „Zeitdruck liegt dann vor, wenn die Zeitintervalle zur Ausführung einzelner Arbeitstätigkeiten betrieblicherseits so knapp bemessen sind, dass die arbeitende Person ständig mit hoher Geschwindigkeit arbeiten muss und ihr Arbeitstempo nicht an individuelle Leistungsschwankungen anpassen kann" (Oesterreich, 1998, S. 84). Werden die Vorgaben, immer schneller und kostengünstiger mehr Leistungen zu generieren, von dem Unternehmen in den individuellen Zielvereinbarungen konsequent umgesetzt, verkleinern sich die Zeitintervalle für die Leistungsherstellung zwangsläufig. Durch die sich immer häufiger bietende Möglichkeit, die Arbeitszeiten flexibel zu gestalten, können Arbeitstempo, Pausen, Arbeitsbeginn und -ende selbst festgelegt werden (vgl. Jürgens & Voß, 2007, S. 7). Unter steigendem Zeitdruck nutzen Beschäftige häufig diese Möglichkeit, um länger bzw. ohne Pausen zu arbeiten. Empirische Untersuchungen belegen, dass die tatsächlich geleistete Arbeitszeit deutlich über der tariflich vereinbarten Arbeitszeit liegt (vgl. Holtbrügge, 2007, S. 164).

Der Zeitdruck steigt, wenn neben der Erwerbsarbeit die Pflicht zur Kinderbetreuung besteht. Je mehr Kinder unter 16 Jahren betreut werden müssen, umso geringer fällt die Zufriedenheit mit der Freizeit aus, was als subjektiver Zeitmangel zu interpretieren ist. Dabei stehen insbesondere Alleinerziehende unter erhöhtem Zeitdruck. Diese außerbetrieblichen Faktoren, die zur empfundenen Zeitnot beitragen, zeigen, warum WLB häufig mit der Vereinbarkeit von Familie und Beruf gleichgesetzt wird. Neben der Belastung des „Zeitdrucks" aus der Arbeitswelt spielt die familiäre Situation eine entscheidende Rolle für das Empfinden von Zeitnot. Die Erkenntnisse zeigen, dass Zeitdruck in der Regel dazu führt, die Arbeitszeiten auszudehnen, um den betrieblichen Erfordernissen gerecht zu werden. Aufgrund der stärkeren Identifizierung mit den Unternehmenszielen und der Verinnerlichung der Marktlogik, verschärft sich die Tendenz zur Verbetrieblichung der gesamten Lebensführung (vgl. Pongratz & Voß, 2004, S. 24f.). Die private Lebenssphäre öffnet sich für Ein- und Übergriffe des Ökonomischen, um in der Erwerbssphäre mehr Flexibilität zu ermöglichen (z. B. Arbeit am Wochenende von zu Hause; vgl. Jürgens & Voß, 2007, S. 8). Dadurch verkürzt sich die Zeit zur Erfüllung der bestehenden Pflichten im privaten Handlungsbereich und somit auch die Zeit, um sich nach Stressreaktionen wieder zu regenerieren. Oftmals führt eine Ausdehnung des Arbeitslebens zusätzlich zum Verlust einer wichtigen Ressource, der sozialen Unterstützung aus dem privaten Umfeld (vgl. Poppelreuter & Mierke, 2008, S. 227), was das Kippen der Wippe hin zur Belastungsseite begünstigt.

6. Gesundheitsförderung

Gesundheit ist nicht die bloße Abwesenheit von Krankheit und Gebrechen, sondern ein Zustand des völligen körperlichen, geistigen und sozialen Wohlbefindens (vgl. WHO, 2006, S. 1). Der Schutz der Gesundheit kann sich daher nicht nur auf das Verhindern von Krankheiten beschränken, sondern muss auch die Annäherung an diesen definierten Idealzustand unterstützen. Die ganzheitliche Sichtweise des Gesundheitsbegriffs durch die WHO gab einen entscheidenden Anstoß für die Entwicklung der Gesundheitsförderung. 1986 formulierte die WHO mit der Ottawa-Charta ein Rahmenkonzept für die Förderung der Gesundheit:

„Gesundheitsförderung zielt auf einen Prozess, allen Menschen ein höheres Maß an Selbstbestimmung über ihre Gesundheit zu ermöglichen und sie damit zur Stärkung ihrer Gesundheit zu befähigen. [...] Gesundheit steht für ein positives Konzept, das in gleicher Weise die Bedeutung sozialer und individueller Ressourcen für die Gesundheit betont wie die körperlichen Fähigkeiten. [...] Die sich verändernden Lebens-, Arbeits- und Freizeitbedingungen haben entscheidenden Einfluss auf die Gesundheit. Die Art und Weise, wie eine Gesellschaft die Arbeit, die Arbeitsbedingungen und die Freizeit organisiert, sollte eine Quelle der Gesundheit und nicht der Krankheit sein. Gesundheitsförderung schafft sichere, anregende, befriedigende und angenehme Arbeits- und Lebensbedingungen" (Auszug aus der „Ottawa-Charta" der WHO, 1986).

Gesundheitsförderung wird von der WHO folglich als positives Gestaltungskonzept verstanden, das über die Prävention hinausgeht. Somit gewinnt neben der Lehre von den Krankheiten (Pathogenese) auch die Lehre von der Gesundheit (Salutogenese) an Bedeutung. Die Überlegungen zum Schutz der Gesundheit beziehen sich also nicht alleine auf die Frage, was krankmachend ist, sondern auch darauf, was den Menschen gesund erhält (vgl. Wittig-Goetz, 2008, S. 3).

6.1 Begriffliche Abgrenzung

Im Folgenden soll der Unterschied zwischen der „Gesundheitsförderung" und der „Prävention" herausgearbeitet werden.

Die begriffliche Abgrenzung zwischen Gesundheitsförderung und Prävention erscheint nicht einfach, da die Begriffe im alltäglichen Sprachgebrauch häufig synonym verwendet werden. Diese sprachliche Ungenauigkeit rührt u. a. daher, dass Gesundheitsförderung und Prävention in der Praxis eng miteinander verknüpft sind. Trotz der synonymen Verwendung unterscheiden sich die Begriffe in ihrem Ansatz wesentlich. Prävention bezieht sich auf die Reduktion spezifischer Krankheitsrisiken bei gefährdeten Einzelpersonen oder Risikogruppen. Gesundheitsförderung hingegen zielt auf die Steigerung von Gesundheitspotenzialen in den verschiedenen Handlungsbereichen (Settings) ab, um damit zum gesundheitlichen Wohlbefinden beizutragen. Sie weist also keinen Risiko- oder Krankheitsbezug auf. Demnach konzentriert sich Gesundheitsförderung nicht auf eine bestimmte Risikogruppe, sondern steht grundsätzlich allen Personen offen (vgl. Spicker & Schopf, 2007, S. 33f.). Jedoch kann auch Gesundheitsförderung präventiv ausgerichtet sein, da durch den gezielten Aufbau von gesundheitsfördernden Faktoren dem Entstehen von Krankheiten vorgebeugt werden kann (vgl. Bamberg, Ducki & Metz, 1998, S. 19).

6.2 Betriebliche Gesundheitsförderung

Als einer der zeitintensivsten Lebensbereiche spielt Erwerbsarbeit eine entscheidende Rolle für die Gesundheit des erwachsenen Menschen (vgl. hierzu Greif, Bamberg, Semmer, 1991). Zwar birgt die Arbeitswelt viele gesundheitliche Risiken, sie kann jedoch gleichzeitig auch Quelle der Gesundheit sein, da sie Möglichkeiten der Selbstentfaltung, der Persönlichkeitsentwicklung und des Wohlbefindens bietet (vgl. Bamberg et al., 1998, S. 19). In diesem Zusammenhang kommt der betrieblichen Gesundheitsförderung eine besondere Bedeutung zu. Die Definition der WHO macht deutlich, dass das traditionelle Verständnis des betrieblichen Arbeitsschutzes, welcher sich klassischerweise auf das Vermeiden bzw. Beseitigen gesundheitsgefährdender Arbeitsbedingungen bezieht und gesetzlich vorgegeben ist, erweitert werden muss. Nach einem zeitgemäßen Verständnis muss neben der Beseitigung von gesundheitsgefährdenden Arbeitsbedingungen auch die Förderung und Entwicklung von gesundheitsfördernden Arbeitsbedingungen und Verhaltensweisen unterstützt werden (vgl. Ulich, 2001, S. 485). Eine idealtypische Gegenüberstellung des betrieblichen Arbeitsschutzes und der betrieblichen Gesundheitsförderung bietet Tabelle 5.

Tabelle 5: Betrieblicher Arbeitsschutz und betriebliche Gesundheitsförderung in idealtypischer Gegenüberstellung

	Betrieblicher Arbeitsschutz	Betriebliche Gesundheitsförderung
Betrachtung des Menschen als ...	... schutzbedürftiges Wesen → Defizitmodell → schwächenorientiert → pathogenetisches Gesundheitsverständnis	... autonom handelndes Subjekt → Potentialmodell → stärkenorientiert → salutogenetisches Gesundheitsverständnis
Aufgaben / Ziele verhältnisorientiert	Vermeiden bzw. Beseitigen gesundheitsgefährdender Arbeitsbedingungen und Belastungen → Schutzperspektive → belastungsorientiert	Schaffen bzw. Erhalten gesundheitsförderlicher Arbeitsbedingungen und Kompetenzen → Entwicklungsperspektive → ressourcenorientiert
Aufgaben / Ziele verhaltensorientiert	Erkennen und adäquates Handeln in gefährlichen Situationen → Wahrnehmen von Gefahren	Erkennen und Nutzen von Handlungs- und Gestaltungsspielräumen → Wahrnehmen von Chancen

(Eigene Darstellung nach Ulich, 2001, S. 485)

Die betriebliche Gesundheitsförderung verfolgt das Ziel, gesundheitliche Belastungen am Arbeitsplatz abzubauen, die körperliche und psychische Gesundheit der Beschäftigten zu stärken und dadurch deren Leistungsfähigkeit und Wohlbefinden zu fördern. Sie umfasst alle gemeinsamen Maßnahmen von Arbeitgebern, Arbeitnehmern und Gesellschaft, welche der Verbesserung von Gesundheit und Wohlbefinden am Arbeitsplatz dienen (vgl. European Network for Workplace Health Promotion [ENWHP], 2007, S. 2). Die Zielsetzung macht deutlich, dass der traditionelle betriebliche Arbeitsschutz und die betriebliche Gesundheitsförderung von unterschiedlichen Betrachtungsweisen ausgehen (vgl. Tabelle 5). Die Tatsache führt jedoch nicht dazu, dass sich Arbeitsschutz und Gesundheitsförderung ausschließen, vielmehr sollten sich beide Ansätze in der betrieblichen Praxis ergänzen (vgl. Ulich, 2001, S. 485f.). Gesundheitsförderung schließt Unfall- und Krankheitsverhütung mit ein, will darüber hinaus aber die Beschäftigten dazu befähigen, ihre Gesundheitspotenziale aufzubauen und aktiv zu nutzen (vgl. ENWHP, 2007, S. 3). Allerdings können Menschen ihre Gesundheitspotenziale nur dann vollständig entfalten, wenn sie auf die gesundheitsgefährdenden Bedingungen Einfluss nehmen können. Demzufolge setzt betriebliche Gesundheitsförderung die Mitbestimmung der Mitarbeiter (Partizipation) voraus. Partizipative Strukturen ermöglichen es Beschäftigten, von Betroffenen zu Beteiligten zu werden (vgl. Tabelle 5). Grundsätzlich gilt es die positiven Merkmale der Arbeit zu identifizieren, die Arbeit dementsprechend zu gestalten und die persönlichen Kompetenzen der Beschäftigten zu erweitern. Maßnahmen der betrieblichen Gesundheitsförderung setzen daher sowohl an den einzelnen Personen als auch an der jeweiligen Situation an (Ganzheitlichkeit) (vgl. Bamberg et al., 1998, S. 19f.).

Um den Erfolg der betrieblichen Gesundheitsförderung zu gewährleisten, sollten Unternehmen bei der Umsetzung einige Grundsätze beachten. Neben der Teilhabe der Mitarbeiter am Prozess der Gesundheitsförderung ist es wichtig, dass betriebliche Gesundheitsförderung auf einem klaren, langfristig ausgelegten Konzept basiert, welches fortlaufend überprüft, verbessert und allen Beschäftigten bekannt gemacht wird (vgl. BKK Bundesverband, 2009, S. 6f.). Der idealtypische Verlauf beruht im Wesentlichen auf den Regeln des effektiven Projektmanagements und gliedert sich in die Phasen der Zielfindung, der Analyse und Planung, der Durchführung und der Evaluation. Ein solches Vorgehen ermöglicht ein planvolles und zielgerichtetes Handeln, bei dem das Ziel Gesundheit kontinuierlich verfolgt wird (vgl. Ducki, 1998, S. 140ff.). Hierzu gehört auch, dass die Einzelmaßnahmen zur gesundheitsgerechten Gestaltung der Arbeitsumgebung und der Unterstützung des gesundheitsgerechten Verhaltens im Rahmen dieses Gesamtprozesses dauerhaft miteinander verknüpft und systematisch durchgeführt werden sollten. Die Forderung nach einem langfristig ausgelegten Konzept impliziert, dass es nicht ausreicht, vereinzelt Maßnahmen anzubieten, sondern die Förderung von Gesundheit bei allen wichtigen Entscheidungen und in allen Bereichen des Unternehmens systematisch und zielorientiert zu berücksichtigen (Integration). Dies setzt voraus, dass betriebliche Gesundheitsförderung als Führungsaufgabe wahrgenommen und in das bestehende Managementsystem integriert wird. Gesundheit sollte daher auch Bestandteil des Unternehmensleitbilds sein (vgl. BKK Bundesverband, 2009, S. 5ff.).

6.3 Klassifikation von Interventionsstrategien

In der betrieblichen Praxis lässt sich eine Vielzahl von unterschiedlichen Interventionsstrategien beobachten, die eine zusammenfassende Darstellung erheblich erschwert. Dies ist insbesondere darauf zurückzuführen, dass die Maßnahmen zur betrieblichen Gesundheitsförderung keinen gesetzlichen Auflagen unterliegen sowie auf Analysen zur Ist-Situation des jeweiligen Unternehmens beruhen und somit auf die individuell unterschiedlichen Bedürfnisse ausgerichtet sind. Eine in der Literatur häufig verwendete Systematik unterscheidet zwischen personen- und bedingungsbezogenen bzw. verhaltens- und verhältnisbezogenen Interventionsstrategien (vgl. Ducki, 1998, S. 135f.). „Personenbezogene Maßnahmen intendieren Gesundheitsförderung über eine Modifikation des Verhaltens und/oder kognitiv-emotionaler Merkmale und Prozesse" (Bamberg & Metz, 1998, S. 192) und sind somit individuumsorientiert. Darunter fallen Maßnahmen wie Rückenschule oder Stressmanagementtrainings. Die Effekte dieser Maßnahmen sind meistens von kurz- bis mittelfristiger Dauer. Zudem wirken sie nur dann, wenn sie von dem Individuum auch in Anspruch genommen werden. Verhältnisbezogene Interventionen zielen dagegen auf eine Veränderung der Arbeitsbedingungen ab und betreffen somit Personengruppen oder ganze Arbeitssysteme (vgl. Ulich, 2001, S. 486). Der Ansatz solcher Interventionen findet sich im Allgemeinen bei der Gestaltung der Umgebungsbedingungen und der Arbeitsaufgaben (vgl. Nerdinger et al., 2008, S. 528). Aufgrund der dauerhaften Veränderung betrieblicher Strukturen sind die Effekte von verhältnisbezogenen Interventionen in der Regel von mittel- bis langfristiger Wirkung (vgl. Ulich, 2001, S. 486). Ziel einer ganzheitlich ausgerichteten Gesundheitsförderung sollte es sein, sowohl das Verhalten der Mitarbeiter in Bezug auf ihre Gesundheitskompetenz als auch die Arbeitsbedingungen bei der Planung von Interventionen ausreichend zu berücksichtigen (vgl. Poppelreuter & Mierke, 2008, S. 179). Dabei gilt, dass verhältnisorientierte Interventionen verhaltensorientierten Interventionen vorangestellt bzw. mit diesen kombiniert werden sollten, da ohne eine langfristige Veränderung der Arbeitsbedingungen veränderte Denk- und Verhaltensweisen der Beschäftigten kaum über die kurzfristige Reduzierung von Belastungssymptomen hinausgehen (vgl. Nerdinger et al., 2008, S. 528). Wenngleich in wissenschaftlichen Untersuchungen die Relevanz von verhältnisbezogenen Maßnahmen immer wieder betont wird, liegt in der betrieblichen Praxis der Schwerpunkt weiterhin auf den verhaltensbezogenen Interventionen (vgl. Ulich, 2001, S. 486ff.).

Die Unterscheidung zwischen verhaltens- und verhältnisbezogenen Interventionen ist nicht immer eindeutig. Zum einen bedingen sich beide Ansätze wechselseitig, da die Maßnahmen aus einer Gruppe häufig Elemente aus der anderen Gruppe zumindest implizieren. Zum anderen erfolgt die Differenzierung häufig auf unterschiedlichen Grundlagen, welche auf dem Analyseverfahren, dem Ziel der Intervention oder auf der Interventionsmethode beruhen. Nichtsdestotrotz erscheint die Klassifikation in verhaltens- und verhältnisbezogene Interventionen sinnvoll, da sie eine Systematisierung von Interventionsschwerpunkten und -methoden erlaubt und Grundlagen für die konkrete Beschreibung einzelner Maßnahmen sowie für die Entwicklung möglicher Kombinationen von Interventionen bietet (vgl. Ducki, 1998, S. 136f.).

Zudem bietet sich in der betrieblichen Gesundheitsförderung eine Systematisierung nach korrektiven, präventiven und prospektiven Strategien an. Korrektive Interventionen dienen dazu, erkannte Mängel nachträglich zu korrigieren. Werden gesundheitliche Schädigungen und psychosoziale Beeinträchtigungen schon in der Planung von Arbeitssystemen mit einbezogen, spricht man von präventiven Interventionen. Prospektive Strategien schließen präventive und korrektive Interventionen ein und schaffen über die Vermeidung von gesundheitlichen Gefahren hinausgehend Möglichkeiten der Persönlichkeitsentwicklung (vgl. Ducki, 1998, S. 137f. und Ulich, 2001, S. 176ff.). Daher können prospektive Strategien als Strategien der Gesundheitsförderung im engeren Sinne verstanden werden, da sie ausdrücklich das Ziel verfolgen, Gesundheitsressourcen zur Verfügung zu stellen. Erstrebenswert sollte es daher sein, das Thema Gesundheit so in das betriebliche Geschehen zu integrieren, dass nicht nur präventiv (Gesundheitsrisiken vermeidend) gehandelt, sondern bei betrieblichen, wirtschaftlichen, personellen oder auch technischen Entscheidungen die Förderung der Gesundheit im Sinne einer Ressourcenbereitstellung und -förderung vorausschauend mitberücksichtigt wird (vgl. Ducki, 1998, S. 138).

6.4 Nutzen der betrieblichen Gesundheitsförderung

Die Rahmenbedingungen der Arbeitswelt des 21. Jahrhunderts unterliegen einem tiefgreifenden Wandel (vgl. Kapitel 3), der dazu führt, dass Betriebe immer stärker auf gesunde und qualifizierte Mitarbeiter angewiesen sind, die der wachsenden Dynaxität des Lebens standhalten können. Gesundheit stellt daher einen wichtigen Faktor für den zukünftigen Erfolg eines Unternehmens dar. Hierbei nimmt die betriebliche Gesundheitsförderung einen besonderen Stellenwert ein, Mitarbeiter und Firmen auf diese neuen Herausforderungen vorzubereiten (vgl. ENWHP, 2007, S. 3).

Neben der nachhaltigen Sicherung der Wettbewerbsfähigkeit spielt Gesundheit auch für das Erreichen von gegenwärtigen betriebswirtschaftlichen Zielen eine entscheidende Rolle. Krankheitsbedingte Abwesenheit der Mitarbeiter verursacht für Unternehmen erhebliche Kosten. Nach Schätzungen der Bundesanstalt für Arbeitsschutz und Arbeitsmedizin führten im Jahr 2007 437,7 Mio. Arbeitsunfähigkeitstage zu volkswirtschaftlichen Produktionsausfällen in Höhe von 40 Mrd. Euro (vgl. Macco & Schmidt, 2010, S. 276). Nicht enthalten sind hier die Kosten, welche dem Unternehmen durch krankheitsbedingten Präsentismus entstehen. Unter diesen Umständen ist es nicht verwunderlich, dass Unternehmen, unabhängig von ihrer Fürsorgepflicht und anderen gesetzlichen Vorschriften, an dem Schutz der Gesundheit ihrer Mitarbeiter gelegen ist.

Durch die Implementierung eines ganzheitlichen Konzepts der Gesundheitsförderung im Unternehmen, können vielfältige positive Effekte generiert werden. Neben der Steigerung der Wettbewerbsfähigkeit, der Wirtschaftlichkeit und der Produktivität, können die langfristige Senkung des Krankheitsstandes, die Verbesserung der Produkt- und Dienstleistungsqualität, die Erhöhung der Kundenzufriedenheit und -bindung sowie die Verbesserung der Flexibilität und Innovationsfähigkeit eines Unternehmens als positive Folgen der betrieblichen Gesundheitsförderung genannt werden. Weiterhin können erfolgreiche gesundheitsfördernde Maßnahmen zu einer Erhöhung der Mitarbeiterbindung und -loyalität führen, die Fluktuation verringern und zu einer Verbesserung des Firmenimages beitragen, was wiederum die Beschäftigungsattraktivität eines Unternehmens steigert und inzwischen als klarer Wettbewerbsvorteil im Personalmarketing gilt (vgl. BKK Bundesverband, 2004, S. 9). Die Investition in die Gesundheitsförderung macht sich für Unternehmen also in nahezu allen Bereichen bezahlt. Kosten-Nutzen-Analysen belegen, dass Projekte im Rahmen der betrieblichen Gesundheitsförderung die Fehlzeitenrate bis zu 36 % senken können und in Bezug auf die Produktivität sich jeder hier investierte Euro vier- bis sechsfach auszahlt (vgl. ebd., S. 9). Trotz des bewiesenen Nutzens führen in Deutschland derzeit lediglich 20 % der Unternehmen Maßnahmen zu betrieblichen Gesundheitsförderung durch (vgl. Wittig-Goetz, 2008, S. 2).

Abgesehen von den vielen positiven Effekten für das Unternehmen, schafft Gesundheitsförderung auch Vorteile für die Arbeits- und Lebensqualität der Beschäftigten (vgl. ebd, S. 5). Interventionen im Rahmen der Gesundheitsförderung verringern die Arbeitsbelastung, steigern die Arbeitszufriedenheit und verbessern die Gesundheit und das Wohlbefinden der Mitarbeiter. Arbeit kann somit zur Quelle der Gesundheit und der Betrieb zu einem wichtigen Lernort für gesundheitsgerechtes Verhalten werden. Mit zunehmender Entgrenzung zwischen Lebens- und Arbeitsbereich wirken die Effekte der betrieblichen Gesundheitsförderung stärker über die betrieblichen Grenzen hinaus und führen dazu, dass Beschäftigte sich auch in ihrem privaten Umfeld gesundheitsförderlich verhalten. Langfristig gesehen leistet betriebliche Gesundheitsförderung einen wichtigen Beitrag zum Entgegenwirken des Fachkräftemangels infolge des demografischen Wandels und zur Kostensenkung im Gesundheitswesen sowie anderen Bereichen des sozialen Sicherungssystems (vgl. BKK Bundesverband, 2004, S. 9).

Nur wenn Effektivität und Effizienz der gesundheitsförderlichen Maßnahmen gewährleistet sind, hat Gesundheitsförderung eine realistische Chance, sich zum festen Bestandteil der Unternehmenspolitik zu entwickeln (vgl. BKK Bundesverband, 2009, S. 2). Um den nachhaltigen gesundheitlichen und ökonomischen Nutzen zu gewährleisten, sollte sich das Konzept der betrieblichen Gesundheitsförderung an den Grundsätzen der Partizipation, der Integration, des Projektmanagements und der Ganzheitlichkeit orientieren (vgl. ENWHP, 2007, S. 4).

6.5 WLB-Maßnahmen im Rahmen der betrieblichen Gesundheitsförderung

In der wissenschaftlichen Literatur findet sich keine Definition darüber, was unter WLB-Maßnahmen im Kontext der betrieblichen Gesundheitsförderung verstanden werden kann. In Anlehnung an das Modell der Wippe von Kastner (2010) (siehe Kapitel 5.1) lässt sich jedoch schlussfolgern, dass WLB-Maßnahmen im Rahmen der betrieblichen Gesundheitsförderung alle Interventionen umfassen, welche dazu beitragen, das Gleichgewicht zwischen Anforderungen/Belastungen und Ressourcen aufrechtzuerhalten bzw. wiederherzustellen. Dies impliziert auch, dass WLB-Maßnahmen helfen, auf beiden Seiten des WLB-Modells genügend Puffer bereitzustellen. Die Mitarbeiter werden in diesem Zusammenhang nicht wie beim traditionellen Arbeitsschutz als schutzbedürftige Wesen gesehen, sondern als proaktive und selbstständige Individuen, die unter Nutzung der vom Unternehmen zur Verfügung gestellten Instrumentarien präventiv die Balancen aus Anforderungen/Belastungen, Ressourcen und den erforderlichen Puffern so gestalten, dass sie zugleich langfristig leistungsfähig und gesund bleiben. Nach diesem in der Gesundheitsförderung vorherrschenden salutogenetischen Gesundheitsverständnis geht es insbesondere um die Frage, wie ein Individuum trotz vielfältiger Belastungen gesund bleibt, seine Ressourcen stärkt, seine Puffer bewahrt und damit chronische Stresszustände sowie daraus resultierende arbeitsbedingte Erkrankungen vermeidet (vgl. Kastner, 2010a, S. 96). Gemäß dem WLB-Modell von Kastner (2010) muss ein Individuum in der Lage sein, die fünf unterschiedlichen Balanceprozesse einzuhalten. Maßnahmen sollten also dazu beitragen, das Gleichgewicht zu erhalten, Überforderungen und Unterforderungen zu vermeiden und ein angemessenes Verhältnis zwischen Ressourcen und Puffern sowie Anforderungen und Puffern herzustellen (vgl. ebd., S. 41ff.). Zudem müssen Unternehmen mit zunehmender Entgrenzung zwischen Arbeits- und Privatleben bei der Planung von WLB-Maßnahmen immer stärker außerbetriebliche Einflussfaktoren einbeziehen, welche neben den Arbeitsbedingungen entscheidenden Einfluss auf die WLB des einzelnen Beschäftigten haben. Der Erhalt und die Herstellung der WLB können durch verhaltens- oder verhältnisbezogene Interventionen erfolgen (vgl. Kastner, 2010a, S. 96). Aus der prospektiven Sicht der Gesundheitsförderung geht es bei WLB insbesondere um den Aufbau und Erhalt von Ressourcen.

Aufgrund der ungenauen Verwendung des WLB-Begriffs lässt sich in der Praxis eine Vielzahl von unterschiedlichen Interventionen beobachten, die unter dem Begriff der WLB-Maßnahmen zusammengefasst werden können. Zugleich initiieren Unternehmen Interventionen, die zwar nicht unter dem WLB-Begriff subsummiert werden, jedoch Auswirkungen auf die individuelle WLB haben. Da der Begriff der WLB häufig mit der Vereinbarkeit von Familie und Beruf in Zusammenhang gebracht wird, beziehen sich in der betrieblichen Praxis die WLB-Maßnahmen oft auf diesen Themenschwerpunkt (vgl. BMFSFJ, 2005). Letztendlich zielen die Maßnahmen zur Vereinbarkeit von Familie und Beruf auf eine Verringerung der Belastungen, welche sich durch Synchronisationsprobleme ergeben.

Wie auch bei anderen Interventionen der betrieblichen Gesundheitsförderung kann das Ziel der WLB nicht durch einmalige Maßnahmen erreicht werden. Daher müssen auch bei der Umsetzung der WLB-Maßnahmen die Grundsätze der betrieblichen Gesundheitsförderung beachtet werden, um ein zielgerichtetes und erfolgreiches Handeln zu gewährleisten. Ein auf den Leitlinien der betrieblichen Gesundheitsförderung basierendes Gesamtkonzept lässt sich in der Praxis kaum finden. Nur wenige Unternehmen bieten umfassende Programme an. Die dort registrierte hohe Zufriedenheit der Mitarbeiter bei gleichzeitig niedrigen Krankheitsständen spricht für sich. Ziel der Unternehmen sollte es daher sein, WLB als Gesamtkonzept in das Unternehmen zu integrieren (vgl. Lümkemann, 2010, S. 210f.).

Insgesamt lässt sich schlussfolgern, dass es sich bei Maßnahmen der betrieblichen Gesundheitsförderung häufig um WLB-Maßnahmen im Sinne des Modells der Wippe von Kastner (2010) handelt, auch wenn diese nicht explizit als WLB-Maßnahmen benannt werden. So beginnt die Förderung einer ausgeglichenen WLB schon bei der Personalauswahl. Je mehr die Anforderungen und Erwartungen des Arbeitgebers mit den Fähigkeiten, Qualifikationen und Erwartungen des potenziellen Arbeitnehmers übereinstimmen, desto unwahrscheinlicher ist ein „Hängenbleiben" der Wippe auf einer Seite. Die Gefahr einer Über- oder Unterforderung am Arbeitsplatz wird minimiert und somit auch das Risiko, durch chronische Stresszustände körperliche und psychische Beschwerden zu erleiden. Somit stellt eine fundierte und professionelle Personalauswahl eine Grundvoraussetzung für eine funktionierende WLB dar (vgl. Poppelreuter & Mierke, 2008, S. 182ff.).

Ansatzpunkte für personenbezogene WLB-Maßnahmen lassen sich dabei den Gruppen „gesundheitsbezogenes (Risiko-) Verhalten", „Internale Ressourcen" und „Externale Ressourcen" zuordnen (vgl. Bamberg & Metz, 1998, S. 194).

Beispielsweise können unterschiedliche Sportangebote seitens des Unternehmens der Gruppe der Maßnahmen zugeordnet werden, die das gesundheitsbezogene Verhalten der Beschäftigten beeinflussen (vgl. ebd., 1998, S. 194). Sport wirkt sich in vielerlei Hinsicht auf die WLB und somit auf die Gesundheit der Mitarbeiter aus. Durch körperliche Bewegung kann die durch Stressreaktionen aufgebaute Energie verbraucht werden, womit sie den Körper dabei unterstützt, wieder sein normales Aktivitätsniveau zu erreichen (vgl. Litzcke & Schuh, 2003, S. 124). Regelmäßige Bewegung schützt zudem vor Krankheiten, die infolge von Bewegungsmangel entstehen können. Außerdem beeinflusst körperliche Fitness die geistigen Leistungen. Körperliche Aktivität wirkt also sowohl gesundheitsförderlich und präventiv sowie körperlich und geistig leistungssteigernd. In Bezug auf das WLB-Modell (2010) lässt sich feststellen, dass ein aktiver Lebensstil viele eigene Ressourcen erschließt und als Puffer wirkt (vgl. Lümkemann, 2010, S. 199f.). Ein durch das Unternehmen initiiertes Sportangebot unterstützt die Beschäftigten dabei, körperlich aktiv zu werden und fördert somit ein gesundheitsbewusstes Verhalten.

Des Weiteren können WLB-Maßnahmen zum Aufbau von internalen Ressourcen genutzt werden, bei denen nicht nur die Förderung und der Aufbau von berufsbezogenen, sondern auch von unspezifischen Ressourcen im Vordergrund stehen. Förderung und Aufbau von berufsbezogenen Ressourcen erfolgen in der Regel durch betriebliche Qualifizierungsmaßnahmen (vgl. Bamberger & Metz, 1998, S. 195). Internale Kontrollüberzeugungen, Bewältigungsstil, Problemlösekompetenz und Kohärenzsinn sind hingegen wichtige, aber unspezifische internale Ressourcen (vgl. Bamberg et al., 2003, S. 55), deren Entfaltung gefördert werden soll. Im betrieblichen Kontext finden sich hierzu häufig Maßnahmen zum Stressmanagement, welche die Beschäftigten dazu befähigen sollen, Stressoren zu reduzieren, zu neutralisieren und im Idealfall erfolgreich zu bewältigen. Der Umgang mit Stress kann beispielsweise durch Übungen zur Kommunikation, zum Zeitmanagement sowie zu Entspannungsverfahren vermittelt werden. Eine nach der salutogenetischen Sichtweise geeignete Maßnahme zum Stressmanagement stellt das sogenannte Stressimpfungstraining dar (vgl. Nerdinger et al., 2008, S. 527). Ziel ist es hierbei, die Kompetenz zur Reflexion der eigenen Stress(bewältigungs)mechanismen durch Vermittlung und Schulung effektiver und handhabbarer Bewältigungsstrategien zu entwickeln bzw. zu stärken (vgl. ebd., zit. nach Meichenbaum, 1991, S. 527). Der Einsatz instrumenteller Coping-Strategien soll dazu führen, dass durch konkrete Aktionen die aktuelle Bedrohung abgewendet werden kann. Die Vermittlung und Schulung von effektiven und handhabbaren Bewältigungsstrategien erscheint in Bezug auf WLB als eine sinnvolle Intervention, denn nur wenn vorhandene Ressourcen in der richtigen Weise genutzt werden können, kann eine Stresssituation erfolgreich gelöst und Fehlbeanspruchung vermieden werden. Eine erfolgreiche Bewältigung einer Stresssituation kann gleichzeitig Quelle für neue Erkenntnisse und Ressourcen sein.

Zur Gruppe der personenbezogenen Interventionen, die an den externen Ressourcen der Arbeitnehmer ansetzen, gehören u. a. Maßnahmen zur Stärkung der sozialen Unterstützung. Diese können beispielsweise durch Supervision oder Coaching erfolgen. Eine wichtige Quelle der sozialen Unterstützung beim täglichen Arbeitsgeschehen stellt die aktive Unterstützung der Mitarbeiter durch ihren direkten Vorgesetzten in Form von Anerkennung und Bestätigung dar. Durch die Bereitstellung von sozialen Unterstützungsangeboten lassen sich auch die persönlichen Ressourcen der Mitarbeiter nutzen und ausbauen (vgl. Poppelreuter & Mierke, 2008, S. 187).

Die Erkenntnis, dass Führungskräfte einen erheblichen Einfluss auf das Wohlbefinden und die Gesundheit ihrer Mitarbeiter haben, macht es im Rahmen eines ganzheitlich ausgerichteten WLB-Konzepts unerlässlich, Führungskräfte für ihre Aufgaben zu qualifizieren. Es gilt bei Führungskräften ein Verständnis für Gesundheit zu wecken, denn nur wenn ihnen sowohl die negativen als auch die positiven Folgen ihres Führungsverhaltens bewusst sind, können sie dauerhaft als externe Ressource für ihre Mitarbeiter fungieren (vgl. Badura & Hehlmann, 2003, S. 48ff.). Gleichzeitig wirken Qualifizierungsmaßnahmen beim Aufbau der persönlichen Ressourcen der Führungskräfte mit.

Um dem Anspruch einer ganzheitlichen Gesundheitsförderung gerecht zu werden (vgl. Poppelreuter & Mierke, 2008, S. 179), müssen bei einem ganzheitlichen WLB-Konzept neben den verhaltensbezogenen auch die bedingungsbezogene Interventionen mitberücksichtigt werden.

Durch die Schaffung salutogener Arbeitsstrukturen können Stressoren auf der linken Seite der Wippe vermieden und gesundheitsförderliche Aspekte auf der rechten Seite der Wippe gestärkt werden. Die Gestaltung der Arbeitsbedingungen wirkt sich dabei insbesondere auf die linke Seite der Wippe aus. Durch Maßnahmen, die beispielsweise zur Stärkung der objektiven und subjektiven Arbeitsplatzsicherheit beitragen (z. B. Entfristungen), wird die linke Seite der Wippe entlastet, da die Angst, den Arbeitsplatz zu verlieren, gemindert wird. Eine Entlastung kann auch durch das Vermeiden von Mehrarbeit vorgenommen werden, indem z. B. bei stabil hoher Überstundenzahl der Mitarbeiter mehr Personal eingestellt wird. Aber auch flexible Arbeitszeitmodelle können belastungsabbauend wirken (vgl. Bamberg & Metz, 1998, S. 184). So bietet Gleitzeitarbeit die Möglichkeit, die tägliche Arbeitszeit nach den persönlichen Bedürfnissen der Beschäftigten und den betrieblichen Belangen innerhalb der Gleitzeitspanne selbst zu bestimmen. Sie ermöglicht unterschiedliche Chancen, wie die Anpassung der Arbeitszeit an den Arbeitsanfall und die individuelle Leistungsfähigkeit, die Verlängerung der Betriebszeit durch versetzte Arbeitszeiten sowie eine bessere Abstimmung der Arbeitszeiten mit der privaten Lebenssphäre (vgl. Fauth-Herkner, 2004, S. 93). Damit flexible Arbeitszeiten eine Entlastung und keine Belastung für die Beschäftigten darstellen, dürfen sie nicht vorrangig unter betriebswirtschaftlichen Gesichtspunkten eingeführt und verwaltet werden, sondern müssen für die Mitarbeiter einen Gewinn an Zeitsouveränität im Sinne einer höheren Kontrolle bedeuten. Die Veränderung der Arbeitsbedingungen bildet zwar eine Grundlage für schädigungsfreie Arbeit, ist jedoch keine hinreichende Voraussetzung für gesundheitsförderliche Arbeitsgestaltung. Salutogene Potenziale können vor allem durch die prospektive Gestaltung der Arbeitsaufgaben bereitgestellt werden (vgl. Bamberg & Metz, 1998, S. 184f.). Kernmerkmale gesundheitsförderlicher Aufgabengestaltung sind Ganzheitlichkeit, Anforderungsvielfalt, Handlungs- und Entscheidungsspielraum, die Möglichkeit zur sozialen Interaktion, Sinnhaftigkeit sowie Lern- und Entwicklungsmöglichkeiten (vgl. Ulich, 2001, S. 194). Bedingungsbezogene WLB-Maßnahmen sollten dazu beitragen, die Herstellung und den Erhalt dieser Kernmerkmale zu unterstützen. Beispielsweise kann durch die Einrichtung von teilautonomen Gruppen die arbeitsbezogene Kooperation und Kommunikation zwischen den Mitarbeitern angeregt und damit die Entwicklung kognitiver und sozialer Kompetenzen gefördert werden. Zudem schafft das Arbeiten in teilautonomen Gruppen in der Regel zeitliche, aufgabenbezogene und interaktionale Entscheidungsspielräume, welche wiederum zum Erleben von Zeitsouveränität, zu Lernanreizen und zur sozialen Unterstützung beitragen können (vgl. Bamberg & Metz, 1998, S. 187ff.).

Exemplarisch wurden hier einige Interventionsmöglichkeiten vorgestellt, um mögliche Ansatzpunkte für die Gestaltung von WLB-Maßnahmen aufzuzeigen. Zu betonen ist jedoch, dass optimale Arbeitsstrukturen nicht für jeden Beschäftigten gesundheitsförderlich sein müssen, da diese individuell unterschiedliche Voraussetzungen mitbringen. Aufgrund dieser Erkenntnis bietet sich das Prinzip der differenziellen Arbeitsgestaltung an. Beschäftigten soll die Möglichkeit geboten werden, aus einem Angebot von unterschiedlichen Arbeitsstrukturen die für sie passenden auswählen zu können. In Verbindung mit partizipativen Strukturen bei der Gestaltung der Arbeitsaufgaben vermag die differenzielle Arbeitsgestaltung die salutogenen Potenziale der Arbeitstätigkeit für jeden einzelnen Beschäftigten zu erschließen (vgl. ebd., S. 192).

Des Weiteren ist hervorzuheben, dass einzelne WLB-Maßnahmen nur geringfügige Wirkungen haben. Daher sollte das Ziel des Aufbaus und der Integration eines erfolgreichen WLB-Konzepts auf den Leitlinien der betrieblichen Gesundheitsförderung beruhen.

7. Schlussbetrachtung

Das Ziel des Buches war die Beantwortung der Frage, welchen Beitrag WLB-Konzepte im Rahmen der betrieblichen Gesundheitsförderung zum Erhalt und Aufbau der Gesundheit der Mitarbeiter leisten können. Schwierigkeiten, die Fragestellung zu beantworten, ergaben sich daraus, dass WLB in wissenschaftlichen Ausarbeitungen häufig mit der Vereinbarkeit von Familie und Beruf gleichgesetzt wird und die gesundheitlichen Aspekte des Themengebietes nur eine untergeordnete Rolle spielen. Auf der Basis der Definition des Gesundheitsbegriffs, der Grundkonzepte der Stressforschung, des WLB-Modells von Kastner (2010) sowie der Theorie der (betrieblichen) Gesundheitsförderung konnte jedoch ein Verständnis von WLB im Zusammenhang mit der betrieblichen Gesundheitsförderung hergestellt werden.

Die Literaturrecherche zeigte, dass Interventionen im Rahmen eines WLB-Konzepts zum Abbau von Stressoren sowie zum Aufbau von Ressourcen und Puffern beitragen und somit Über- oder Unterforderung verhindern können. Infolge der Vermeidung von Stresszuständen kann damit auch dem Entstehen von arbeitsbedingten Erkrankungen vorgebeugt werden. Neben der Beseitigung von gesundheitsgefährdenden Arbeitsbedingungen und Verhaltensweisen können prospektiv gestaltete Interventionen zur Förderung und Entwicklung von gesundheitsfördernden Arbeitsbedingungen und Verhaltensweisen beitragen. Im Kontext der Vorstellung, dass es sich bei Gesundheit um einen mehrdimensionalen sowie dynamischen Prozess handelt, tragen WLB-Konzepte dazu bei, Krankheitsmerkmale zu reduzieren und Gesundheitsmerkmale zu fördern. Dadurch kann neben dem Aufbau und Erhalt der Gesundheit der Mitarbeiter auch erheblicher Nutzen für das Unternehmen und die Gesellschaft entstehen. Inwieweit sich ein WLB-Konzept auf den Erhalt und den Aufbau von Gesundheit auswirkt und andere positive Effekte fördert, hängt allerdings von unterschiedlichen Faktoren ab. Daher kann keine allgemeingültige Antwort auf die übergeordnete Fragestellung der Untersuchung gegeben werden.

Im Kontext der Erwerbsarbeit gelingt die Herstellung einer WLB grundsätzlich umso eher, je weniger Arbeit als Mühe und Qual, sondern je mehr sie als Quelle der Verwirklichung und Erholung wahrgenommen wird. In diesem Zusammenhang ist es unabdingbar, dass ein WLB-Konzept insbesondere an der Gestaltung der Arbeitsbedingungen ansetzt. In der Praxis wird diese Tatsache allerdings häufig außer Acht gelassen, was dem nachhaltigen Erfolg eines WLB-Konzepts im Wege steht. Die Umsetzung von WLB beschränkt sich hier auf den Einsatz von verhaltensbezogenen Maßnahmen.

In Anbetracht des mehrdimensionalen und dynamischen Gesundheitsbegriffs können nur langfristig angelegte Konzepte einen dauerhaften Beitrag zum Erhalt und zum Aufbau der Gesundheit der Beschäftigten leisten. Diese Tatsache impliziert, dass die Wirkung von Einzelmaßnahmen ohne ein ganzheitliches Konzept nicht über die kurzfristige Reduzierung von Belastungssymptomen hinausgeht. So sollte es Ziel jedes Unternehmens sein, welches einen dauerhaften Beitrag zum Erhalt und zum Aufbau der Gesundheit seiner Angestellten leisten will, ein individuelles WLB-Konzept auf den Leitlinien der betrieblichen Gesundheitsförderung zu entwickeln. Durch ein klares, langfristig ausgelegtes Konzept, das die Partizipation der Mitarbeiter fördert, kann auch vermieden werden, dass Maßnahmen, die das Gleichgewicht eigentlich fördern sollten, das Entstehen von *Imbalance* begünstigen. Zudem erscheint es sehr wichtig, im Rahmen eines WLB prospektiv-präventive Interventionen zu wählen, die beispielsweise schon bei der Personalauswahl beginnen. Es zeigte sich jedoch auch, dass in der Praxis Interventionen, welche nicht unter dem Begriff der WLB initiiert waren, gleiche Wirkungen erzielen können. Unabhängig von der Einführung eines umfassenden WLB-Konzepts sollte ein Verständnis für die Problematik sowohl bei den Mitarbeitern als auch und insbesondere bei den Führungskräften geschaffen werden, um sicherzustellen, dass das Thema Gesundheit im Unternehmen Beachtung erfährt.

Die Veränderung der Arbeitswelt, der Unternehmensorganisation und der Anforderungen an die Mitarbeiter bringt viele neue Aspekte mit sich, die Fehlbeanspruchungen nach sich ziehen können. So führen Entgrenzungsprozesse und die Subjektivierung der Arbeit häufig zu Selbstausbeutungstendenzen und begünstigen das Entstehen von chronischen Stresszuständen. Gleichzeitig können sie jedoch auch Zeit- und Raumsouveränität ermöglichen und die Selbstverwirklichung bei der Arbeit unterstützen. Ziel eines WLB-Konzepts sollte es daher sein, die Chancen zur Gesundheitsförderung der Mitarbeiter zu nutzen. Angesichts der Tatsache, dass in einer Dienstleistungs- und Informationsgesellschaft der nachhaltige wirtschaftliche Erfolg eines Unternehmens in nennenswerter Weise von qualifizierten und leistungsfähigen Fachkräften abhängt, spielt die Gesundheit der Mitarbeiter eine immer bedeutendere Rolle. Nichtsdestotrotz bleibt die Entscheidung, ein WLB-Konzept einzuführen oder nicht, jedem Unternehmen selbst überlassen. Die Entscheidung hängt im Wesentlichen von dem erwarteten Kosten-Nutzen-Verhältnis des Programms ab. Hier ist es allerdings verwunderlich, dass trotz des bewiesenen Nutzens nur lediglich 20 % aller Betriebe in Deutschland Maßnahmen zur betrieblichen Gesundheitsförderung durchführen (vgl. Wittig-Goetz, 2008, S. 2). In diesem Zusammenhang könnte der Anstieg an psychischen Erkrankungen als Indiz dafür gewertet werden, dass auf diesem Gebiet dringend Handlungsbedarf besteht. Auch wenn betriebliche WLB-Maßnahmen einen erheblichen Beitrag zur Gesundheit der Beschäftigten leisten können, hat weiterhin jeder Einzelne für den Erhalt und Aufbau seiner individuellen WLB und somit für den Erhalt und Aufbau seiner Gesundheit zu sorgen. Das bedeutet, dass bei der individuellen Lebensführung ein Ausgleich zwischen belastenden und erholenden Aktivitäten gefunden werden sollte. Im betrieblichen Rahmen kann das z. B. bedeuten, dass der einzelne Mitarbeiter das angebotene verhaltensbezogene Maßnahmenprogramm aktiv nutzt. In diesem Kontext gibt das Zitat von John Steinbeck (o. J.) den Grundgedanken von WLB wieder:

„Die Kunst des Ausruhens ist ein Teil der Kunst des Arbeitens" (http://www.zitat-service.de/quotation/show/1207).

8. Literaturverzeichnis

- **Albani, Cornelia / Blaser, Gerd / Geyer, Michael / Grulke, Norbert / Bailer, Harald / Schmutzer, Gabriele / Berth, Hendik / Brähler, Elmar.** (2008). Psychische Gesundheit und Angst vor Arbeitsplatzverlust. In: Berufsverband Deutscher Psychologinnen und Psychologen e. V. (Hrsg.). Psychologie. Gesellschaft. Politik. 2008. Psychische Gesundheit am Arbeitsplatz in Deutschland. Berlin. Zugriff am 09.04.2011 unter http://www.bdp-verband.org/aktuell/2008/bericht/BDP-Bericht-2008_Gesundheit-am-Arbeitsplatz.pdf
- **Allenspach, Marcel / Brechbühler, Andrea.** (2005). Stress am Arbeitsplatz. Theoretische Grundlagen, Ursachen, Folgen und Prävention. Bern: Verlag Hans Huber
- **Antonovsky, Aaron.** (1997). Salutogenese. Zur Entmystifizierung der Gesundheit. (Deutsche erweiterte Herausgabe von Alexa Franke). Tübingen: dgvt Verlag
- **Badura, Bernhard / Hehlmann, Thomas.** (2003). Betriebliche Gesundheitspolitik. Der Weg zur gesunden Organisation. Heidelberg: Springer Verlag
- **Badura, Bernhard / Vetter, Christian.** (2004). „Work-Life-Balance" – Herausforderung für die betriebliche Gesundheitspolitik und den Staat. In: Badura, Bernhard / Schellschmidt, Henner / Vetter, Christian. Fehlzeiten-Report 2003. Wettbewerbsfaktor Work-Life Balance. Zahlen Daten, Analysen aus allen Branchen der Wirtschaft. (S. 1-18). Heidelberg: Springer Verlag
- **Badura, Bernhard.** (2010). Wege aus der Krise. In: Badura, Bernhard / Schröder, Helmut / Klose, Joachim / Macco, Katrin (Hrsg.). Fehlzeiten-Report 2009. Arbeit und Psyche: Belastungen reduzieren – Wohlbefinden fördern. Zahlen Daten, Analysen aus allen Branchen der Wirtschaft. (S. 3-12). Heidelberg: Springer Medizin Verlag
- **Bamberg, Eva / Ducki, Antje / Metz, Anna-Marie.** (1998). Handlungsbedingungen und Grundlagen der betrieblichen

Gesundheitsförderung. In: Bamberg, Eva / Ducki, Antje / Metz, Anna-Marie (Hrsg.). Handbuch. Betriebliche Gesundheitsförderung. Arbeits- und organisationspsychologische Methoden und Konzepte. (Schriftreihe Psychologie und innovatives Management). (S. 17-38). Göttingen: Verlag für Angewandte Psychologie

- **Bamberg, Eva / Metz, Anna-Marie.** (1998). Interventionen. In: Bamberg, Eva / Ducki, Antje / Metz, Anna-Marie (Hrsg.). Handbuch. Betriebliche Gesundheitsförderung. Arbeits- und organisationspsychologische Methoden und Konzepte. (Schriftreihe Psychologie und innovatives Management). (S. 177-209). Göttingen: Verlag für Angewandte Psychologie
- **Bamberg, Eva / Busch, Christine / Ducki, Antje.** (2003). Stress- und Ressourcenmanagement. Strategien und Methoden für die neue Arbeitswelt. In: Bamberg, Eva / Mohr, Gisela / Rummel, Martina (Hrsg.). Praxis der Arbeits- und Organisationspsychologie. Bern: Verlag Hans Huber
- **Betriebskrankenkassen Bundesverband (Hrsg.).** (2004). Auf dem Weg zum gesunden Unternehmen. Argumente und Tipps für ein modernes betriebliches Gesundheitsmanagement. Zugriff am 04.04.2011 unter http://www.bkk.de/fileadmin/user_upload/PDF/Arbeitgeber/Betriebliche_Gesundheitsfoerderung/Auf_dem_Weg_zum_gesunden_Unternehmen2.pdf
- **Betriebskrankenkassen [BKK] Bundesverband (Hrsg.).** (2009). Gesunde Mitarbeiter in gesunden Unternehmen. Erfolgreiche Praxis betrieblicher Gesundheitsförderung in Europa. Qualitätskriterien für die betriebliche Gesundheitsförderung. Zugriff am 04.04.2011 unter http://www.dnbgf.de/fileadmin/texte/Downloads/uploads/dokumente/2009/Qualitaetskriterien_BGF_1_.pdf
- **Bundesanstalt für Arbeitsschutz und Arbeitsmedizin (Hrsg.).** (2000). Arbeitswissenschaftliche Erkenntnisse Nr. 116. Psychische Belastungen und Beanspruchungen. Dortmund. Zugriff am

09.04.2011 unter http://www.baua.de/de/Publikationen/AWE/Band4/AWE116.pdf?__blob=publicationFile&v=4

- **Bundesministerium für Familie, Senioren, Frauen und Jugend / Statistisches Bundesamt (Hrsg.).** (2003). Wo bleibt die Zeit?. Die Zeitverwendung der Bevölkerung in Deutschland 2001/02. Zugriff am 09.04.2011unter http://www.destatis.de/jetspeed/portal/cms/Sites/destatis/Internet/DE/Presse/pm/frueher/wobleibtdiezeit,property=file.pdf
- **Bundesministerium für Familie, Senioren, Frauen und Jugend.** (2005). Work Life Balance. Motor für wirtschaftliches Wachstum und gesellschaftliche Stabilität. Analyse der volkswirtschaftlichen Effekte – Zusammenfassung der Ergebnisse. Rostock: Publikationsversand der Bundesregierung. Zugriff am 09.04.2011 unter http://www.bmfsfj.de/RedaktionBMFSFJ/Broschuerenstelle/Pdf-Anlagen/Work-Life-Balance,property=pdf.pdf
- **Bundeszentrale für gesundheitliche Aufklärung (Hrsg.).** (2001). Was erhält Menschen gesund? Antonovskys Modell der Salutogenese – Diskussionsstand und Stellenwert. (Forschung und Praxis der Gesundheitsförderung. Band 6). Köln
- **Ducki, Antje.** (1998). Allgemeine Prozeßmerkmale. In: Bamberg, Eva / Ducki, Antje / Metz, Anna-Marie (Hrsg.). Handbuch. Betriebliche Gesundheitsförderung. Arbeits- und organisationspsychologische Methoden und Konzepte. (Schriftreihe Psychologie und innovatives Management). (S. 135-143). Göttingen: Verlag für Angewandte Psychologie
- **Dunckel, Heiner.** (1991). Mehrfachbelastung und psychosoziale Gesundheit. In: Greif, Siegfried / Bamberg, Eva / Semmer, Norbert (Hrsg.). Psychischer Streß am Arbeitsplatz. (S. 154-167). Göttingen: Hogrefe Verlag für Psychologie
- **Europäisches Netzwerk „Enterprise for Health" (Hrsg.).** (2006). Vereinbarkeit von Erwerbsarbeit und anderen Lebensbereichen. Ausgeglichen leben – gesünder und erfolgreicher arbei-

ten. In: Bertelsmann Stiftung / BKK Bundesverband (Hrsg.). Guide to Best Practice. Unternehmenskultur und betriebliche Gesundheitspolitik: Erfolgsfaktoren für Business Excellence. (S. 40-43). Zugriff am 09.04.2011 unter http://www.enterprise-for-health.org/fileadmin/texte/EFH_Guide_final_dt1201.pdf

- **European Network for Workplace Health Promotion (Hrsg.).** (2007). Luxemburger Deklaration zur betrieblichen Gesundheitsförderung in der Europäischen Union. Zugriff am 29.03.2011 unter http://www.dnbgf.de/fileadmin/texte/Downloads/LuxemburgerDeklaration/Luxenburger_Deklaration.pdf

- **Ewers, Eyko / Hoff, Ernst-H. / Petersen, Olaf / Geffers, Johannes.** (2006). Zum Wandel der Arbeitsgesellschaft und zu dessen Konsequenzen für das individuelle Arbeitshandeln. In: Arbeitsgemeinschaft Betriebliche Weiterbildungsforschung e. V. / Projekt Qualifikations-Entwicklungs-Management (Hrsg.). Arbeit als Lebensinhalt? Neue Formen der Lebensgestaltung bei Beschäftigten im IT-Bereich. (S. 18-39). Berlin: Waxmann Verlag

- **Fauth-Herkner, Angela.** (2004). Flexible Arbeitszeitmodelle zur Verbesserung der „Work-Life-Balance. In: Badura, Bernhard / Schellschmidt, Henner / Vetter, Christian. Fehlzeiten-Report 2003. Wettbewerbsfaktor Work-Life Balance. Zahlen Daten, Analysen aus allen Branchen der Wirtschaft. (S. 89-106). Heidelberg: Springer Verlag

- **Garhammer, Manfred.** (2004). Auswirkungen neuer Arbeitsformen auf Stress und Lebensqualität. In: Badura, Bernhard / Schellschmidt, Henner / Vetter, Christian. Fehlzeiten-Report 2003. Wettbewerbsfaktor Work-Life Balance. Zahlen Daten, Analysen aus allen Branchen der Wirtschaft. (S. 45-74). Heidelberg: Springer Verlag

- **Glissmann, Wilfried.** (2005). Die neue Selbstständigkeit in der Arbeit: Wie können Arbeitnehmer unter diesen Bedingungen ihre Interessen erkennen und durchsetzen?. In: Mischau, Anina / Oechsle (Hrsg.). Arbeitszeit – Familienzeit – Lebenszeit: Verlie-

ren wir die Balance?. (Zeitschrift für Familienforschung, Sonderheft 5). (S. 165-183). Wiesbaden: VS Verlag für Sozialwissenschaften
- **Gottschall, Karin / Voß, G. Günter.** (2003). Entgrenzung von Arbeit und Leben. Zur Einleitung. In: Gottschall, Karin / Voß, G. Günter (Hrsg.). Entgrenzung von Arbeit und Leben. Zum Wandel der Beziehung von Erwerbstätigkeit und Privatsphäre im Alltag. (Arbeit und Leben im Umbruch. Schriftreihe zur Subjektorientiertem Soziologie der Arbeit und der Arbeitsgesellschaft, Band 5). (S. 11-33). Mering: Rainer Hampp Verlag
- **Greif, Siegfried.** (1991). Streß in der Arbeit – Einführung und Grundbegriffe. In: Greif, Siegfried / Bamberg, Eva / Semmer, Norbert (Hrsg.). Psychischer Streß am Arbeitsplatz. (S. 1-27). Göttingen: Hogrefe Verlag für Psychologie
- **Greiner, Birgit A..** (1998). Der Gesundheitsbegriff. In: Bamberg, Eva / Ducki, Antje / Metz, Anna-Maria (Hrsg.). Handbuch. Betriebliche Gesundheitsförderung. Arbeits- und organisationspsychologische Methoden und Konzepte. (Schriftreihe Psychologie und innovatives Management). (S. 39-56). Göttingen: Verlag für Angewandte Psychologie
- **Hauptverband der gewerblichen Berufsgenossenschaften / Berufsgenossenschaftliches Institut Arbeit und Gesundheit / Betriebskrankenkassen Bundesverband.** (2004). IGA-Report 5: Ausmaß, Stellenwert und betriebliche Relevanz psychischer Belastungen bei der Arbeit. Ergebnisse einer Befragung von Arbeitsschutzexperten. Dresden
- **Hauser, Frank / Mertens, Michelle.** (2007). Fit for Job: Erfolgsfaktoren für das Gesundheitsmanagement in Unternehmen. *Wirtschaftspsychologie aktuell.* 3. (S. 19-22)
- **Hielscher, Volker.** (2000). Entgrenzung von Arbeit und Leben? Die Flexibilisierung von Arbeitszeiten und ihre Folgewirkungen für die Beschäftigten. Eine Literaturstudie. In: Wissenschaftszentrum Berlin für Sozialforschung (Hrsg.). FS II 00-201. Berlin.

Zugriff am 09.04.2011 unter http://bibliothek.wzb.eu/pdf/2000/ii00-201.pdf

- **Hoff, Ernst-H.**. (2002). Arbeit und berufliche Entwicklung. In: Hildebrand-Nilshon, M., Hoff, Ernst-H., Hohner, H.-U. (Hrsg.). Berichte aus dem Institut für Arbeits-, Berufs- und Organisationspsychologie an der FU Berlin. 20. (S.1-59). Zugriff am 09.04.2011 unter http://www.ewi-psy.fu-berlin.de/einrichtungen/arbeitsbereiche/arbpsych/media/publikationen/forschungsberichte/fb_20.pdf?1286346762
- **Hoff, Ernst-H. / Grote, Stefanie / Dettmer, Susanne / Hohner, Hans-Uwe / Olos, Luiza.** (2005). Work-Life-Balance: Berufliche und private Lebensgestaltung von Frauen und Männern in hoch qualifizierten Berufen. *Zeitschrift für Arbeits- und Organisationspsychologie.* 49. (S. 196-207)
- **Holtbrügge, Dirk.** (2007). Personalmanagement. (3. Aufl.). Heidelberg: Springer Verlag
- **Jahn, Frauke.** (2010). Absentismus und Präsentismus – zwei Seiten einer Medaille. In: Windemuth, Dirk / Jung, Detlev / Petermann, Olaf (Hrsg.). Praxishandbuch psychische Belastungen im Beruf. vorbeugen- erkennen- handeln. (S. 355-363). Stuttgart: Gentner Verlag
- **Jahoda, Marie.** (1995). Wieviel Arbeit braucht der Mensch? Arbeit und Arbeitslosigkeit im 20. Jahrhundert. Weinheim: Beltz Psychologie Verlags Union
- **Jurczyk, Karin / Schier, Michaela / Szymenderski, Peggy / Lange, Andreas / Voß, G. Günter.** (2009). Entgrenzte Arbeit – entgrenzte Familie. Grenzmanagement im Alltag als neue Herausforderung. Berlin: edition sigma
- **Jürgens, Kerstin.** (2005). Kein Ende von Arbeitszeit und Familie. In: Mischau, Anina / Oechsle (Hrsg.). Arbeitszeit – Familienzeit – Lebenszeit: Verlieren wir die Balance?. (Zeitschrift für Familienforschung, Sonderheft 5). (S. 34-50). Wiesbaden: VS Verlag für Sozialwissenschaften

- **Jürgens, Kerstin / Voß, Gerd-Günter.** (2007). Gesellschaftliche Arbeitsteilung als Leistung der Person. In: Bundeszentrale für politische Bildung (Hrsg.). Aus Politik und Zeitgeschichte. 34. (S. 3-9). Zugriff am 09.04.2011 unter http://www.bpb.de/files/PDMW2R.pdf
- **Kesselring, Sven / Vogl, Gerlinde.** (2010) Betriebliche Mobilitätsregime. Die sozialen Kosten mobiler Arbeit. Berlin: edition sigma
- **Kastner, Michael / Kastner, Bea / Vogt, Joachim.** (2001). Wachsende Dynaxität und das Beschäftigungskontinuum. In: Kastner, Michael / Vogt, Joachim (Hrsg.). Strukturwandel in der Arbeitswelt und individuelle Bewältigung. (S. 35-62). Lengerich: Pabst Science Publishers
- **Kastner, Michael.** (2010). Work Life Balance als Zukunftsthema. In: Kastner, Michael (Hrsg.). Die Zukunft der Work Life Balance. Wie lassen sich Beruf und Familie, Arbeit und Freizeit miteinander vereinbaren? (3. Aufl.). (S. 1-65). Kröning: Asanger Verlag
- **Kastner, Michael.** (2010a). Verschiedene Zugänge zur Work Life Balance. In: Kastner, Michael (Hrsg.). Die Zukunft der Work Life Balance. Wie lassen sich Beruf und Familie, Arbeit und Freizeit miteinander vereinbaren? (3. Aufl.). (S. 67-105). Kröning: Asanger Verlag
- **Kastner, Michael.** (2010b). Work-Life Balance für Extremjobber. In: Kaiser, Stephan, Ringlstetter, Max (Hrsg.). Work-Life Balance. Erfolgsversprechende Konzepte für Extremjobber. (S. 1-28). Heidelberg: Springer Verlag
- **Kaufmann, Inge / Pornschlegel, Hans / Udris, Ivars.** (1982). Arbeitsbelastung und Beanspruchung. In: Zimmermann, Lothar (Hrsg.). Belastungen und Stress bei der Arbeit. Körperliche und psychische Beanspruchung. Gesundheit. Erholungspausen. (Humane Arbeit – Leitfaden für Arbeitnehmer. Band 5). (S. 13-48). Reinbek bei Hamburg: Rowohlt Taschenbuch Verlag

- **Kern, Peter / Schmauder, Martin.** (2005). Einführung in den Arbeitsschutz für Studium und Betriebspraxis. München: Carl Hanser Verlag
- **Kleemann, Frank / Matuschek, Ingo / Voß, G. Günter.** (2003). Subjektivierung von Arbeit – Ein Überblick zum Stand der Diskussion. In: Moldaschl, Manfred / Voß, G. Günter (Hrsg.). Subjektivierung von Arbeit. (2. Aufl.). (S. 57-114). Mering: Rainer Hampp Verlag
- **Kratzer, Nick / Sauer, Dieter.** (2003). Entgrenzung von Arbeit. Konzept, Thesen, Befunde. In: Gottschall, Karin / Voß, G. Günter (Hrsg.). Entgrenzung von Arbeit und Leben. Zum Wandel der Beziehung von Erwerbstätigkeit und Privatsphäre im Alltag. (Arbeit und Leben im Umbruch. Schriftreihe zur subjektorientierten Soziologie der Arbeit und der Arbeitsgesellschaft. Band 5). (S. 87-123). Mering: Rainer Hampp Verlag
- **Krone, Isabell / Flegel, Silke.** (2007). Win-win-Modell: Investitionen in Gesundheit lohnen sich auch für kleine Unternehmen. *Wirtschaftspsychologie aktuell.* 3. (S. 36-38)
- **Kühl, Stefan.** (2000). Grenzen der Vermarktlichung. Die Mythen um unternehmerisch handelnde Mitarbeiter. *WSI Mitteilungen.* 12. (S. 818-828)
- **Lazarus, Richard S. / Launier, Rymond.** (1981). Streßbezogene Transaktion zwischen Person und Umwelt. In: Nitsch, Jürgen, R. (Hrsg.), Stress. Theorien, Untersuchungen, Maßnahmen. (S. 213-260). Bern: Verlag Hans Huber
- **Litzcke, Sven / Schuh, Horst.** (2003). Belastungen am Arbeitsplatz. Strategien gegen Stress, Mobbing und Burn-out. (2. Aufl.). Köln: Deutscher Instituts-Verlag
- **Lümkemann, Dirk.** (2010). Work Life Balance durch körperliche Aktivität. In: Kastner, Michael (Hrsg.). Die Zukunft der Work Life Balance. Wie lassen sich Beruf und Familie, Arbeit und Freizeit miteinander vereinbaren? (3. Aufl.). (S. 195- 219). Kröning: Asanger Verlag

- **Macco, Katrin / Schmidt, Jana.** (2010). Krankheitsbedingte Fehlzeiten in der deutschen Wirtschaft im Jahr 2008. In: Badura, Bernhard / Schröder, Helmut / Klose, Joachim / Macco, Katrin (Hrsg.). Fehlzeiten-Report 2009. Arbeit und Psyche: Belastungen reduzieren – Wohlbefinden fördern. Zahlen Daten, Analysen aus allen Branchen der Wirtschaft. (S. 275-423). Heidelberg: Springer Medizin Verlag
- **Martinovits, Alex.** (2002). Einstellung zu Arbeit und Freizeit im Zeitverlauf. Ergebnisse aus UNIVOX-Gesellschaftsmonitoring-Studien. Zürich. Zugriff am 09.04.2011 unter
http://www.gfs.ch/univox/arbeit_freizeit_univox_spezial.pdf
- **McGrath, Joseph E..** (1981). Streß und Verhalten in Organisationen. In: Nitsch, Jürgen, R. (Hrsg.), Stress. Theorien, Untersuchungen, Maßnahmen. (S. 441-500). Bern: Verlag Hans Huber
- **Michalk, Silke / Nieder, Peter.** (2007). Erfolgsfaktor Work-Life-Balance. Weinheim: WILEY-VCH Verlag
- **Nerdinger, Friedemann W. / Blickle, Gerhard / Schaper, Niclas.** (2008). Arbeits- und Organisationspsychologie. Heidelberg: Springer Medizin Verlag
- **Oesterreich, Rainer.** (1998). Die Bedeutung arbeitspsychologischer Konzepte der Handlungsregulationstheorie für die betriebliche Gesundheitsförderung. In: Bamberg, Eva / Ducki, Antje / Metz, Anna-Marie (Hrsg.). Handbuch. Betriebliche Gesundheitsförderung. Arbeits- und organisationspsychologische Methoden und Konzepte. (Schriftreihe Psychologie und innovatives Management). (S. 75-96). Göttingen: Verlag für Angewandte Psychologie
- **Opaschowski, Horst W..** (2001). Deutschland 2010. Wie wir morgen arbeiten und leben – Voraussagen der Wirtschaft zur Zukunft unserer Gesellschaft. (2. Aufl.). Hamburg: Germa Press Verlag
- **Pongratz, Hans J. / Voß, G. Günter.** (2004). Arbeitskraftunternehmer. Erwerbsorientierungen in entgrenzten Arbeitsformen. (2. Aufl.). Berlin: edition sigma

- **Poppelreuter, Stefan.** (1997). Arbeitssucht. Weinheim: Beltz Psychologie Verlags Union
- **Poppelreuter, Stefan / Mierke, Katja.** (2008). Psychische Belastungen am Arbeitsplatz. Ursachen – Auswirkungen – Handlungsmöglichkeiten. (3. Aufl.). Berlin: Erich Schmidt Verlag
- **Resch, Marianne / Bamberg, Eva.** (2005). Work-Life-Balance: Ein neuer Blick auf die Vereinbarkeit von Berufs- und Privatleben?. *Zeitschrift für Arbeits- und Organisationspsychologie.* 49. (S. 171-175)
- **Richter, Gabriele.** (1998). Psychische Belastung und Beanspruchung. Streß, psychische Ermüdung, Monotonie, psychische Sättigung. (2. Aufl.). (Schriftreihe der Bundesanstalt für Arbeitsschutz und Arbeitsmedizin). Bremerhaven: Wirtschaftsverlag NW
- **Richter, Gabriele.** (2010). Gesundheitsförderliche Aspekte der Arbeit. In: Windemuth, Dirk / Jung, Detlev / Petermann, Olaf (Hrsg.). Praxishandbuch psychische Belastungen im Beruf. vorbeugen- erkennen- handeln. (S. 76-85). Stuttgart: Gentner Verlag
- **Richter, Peter / Hacker, Winfried.** (1998). Belastung und Beanspruchung. Streß, Ermüdung und Burnout im Arbeitsleben. Heidelberg: Asanger Verlag
- **Rühl, Monika.** (2010). Demografiebewusstes Gesundheitsmanagement bei Deutsche Lufthansa. In: Kaiser, Stephan, Ringlstetter, Max (Hrsg.). Work-Life Balance. Erfolgsversprechende Konzepte für Extremjobber. (S. 213-225). Heidelberg: Springer Verlag
- **Schiltz, Christoph B..** (11.04.2009). Krankenstand der Deutschen sinkt auf Rekordtief. *WELT ONLINE.* Zugriff am 07.04.2011 unter http://www.welt.de/wirtschaft/article3539570/Krankenstand-der-Deutschen-sinkt-auf-Rekordtief.html
- **Schiltz, Christoph B..** (19.07.2010). Krankenstand in Deutschland steigt sprunghaft an. *WELT ONLINE.* Zugriff am 07.04.2011

unter http://www.welt.de/wirtschaft/article8522057/Krankenstand-in-Deutschland-steigt-sprunghaft-an.html

- **Schneider, Norbert F.**. (2005). Leben an zwei Orten. Die Folgen beruflicher Mobilität für Familie und Partnerschaft. In: Mischau, Anina / Oechsle (Hrsg.). Arbeitszeit – Familienzeit – Lebenszeit: Verlieren wir die Balance?. (Zeitschrift für Familienforschung, Sonderheft 5). (S. 110-126). Wiesbaden: VS Verlag für Sozialwissenschaften
- **Semmer, Norbert K. / Udris, Ivars.** (2004). Bedeutung und Wirkung von Arbeit. In: Schuler, Heinz (Hrsg.). Lehrbuch. Organisationspsychologie. (3. Aufl.). (S. 157-195). Bern: Verlag Hans Huber
- **Selye, Hans.** (1981). Geschichte und Grundzüge des Streßkonzepts. In: Nitsch, Jürgen, R. (Hrsg.), Stress. Theorien, Untersuchungen, Maßnahmen. (S.163-187). Bern: Verlag Hans Huber
- **Simon, Walter.** (2006). Wie entsteht Persönlichkeit?. In: Simon, Walter (Hrsg.). Persönlichkeitsmodelle und Persönlichkeitstests. 15 Persönlichkeitsmodelle für Personalauswahl, Persönlichkeitsentwicklung, Training und Coaching. (S. 12-18). Offenbach: GABAL Verlag
- **Spicker, Ingrid / Schopf, Anna**. (2007). Betriebliche Gesundheitsförderung erfolgreich umsetzen. Praxishandbuch für Pflege- und Sozialdienste. Wien: Springer-Verlag
- **Statistisches Bundesamt (Hrsg.).** (2009). Der Dienstleistungssektor. Wirtschaftsmotor in Deutschland. Ausgewählte Ergebnisse von 2003 bis 2008. Wiesbaden: SFG Servicecenter Fachverlage. Zugriff am 09.04.2011 unter http://www.destatis.de/jetspeed/portal/cms/Sites/destatis/Internet/DE/Content/Publikationen/Fachveroeffentlichungen/DienstleistungenFinanzdienstleistungen/Dienstleistungen/Dienstleistungssektor5474001099004,property=file.pdf
- **Statistisches Bundesamt (Hrsg.).** (2009a). Informationsgesellschaft in Deutschland. Ausgabe 2009. Wiesbaden. Zugriff am 09.04.2011 unter

http://www.destatis.de/jetspeed/portal/cms/Sites/destatis/Internet/DE/Content/Statistiken/Informationsgesellschaft/InformationsgesellschaftDeutschland,property=file.pdf

- **Statistisches Bundesamt (Hrsg.).** (2010). Qualität der Arbeit. Geld verdienen und was sonst noch zählt. Wiesbaden. Zugriff am 09.04.2011 unter http://www.destatis.de/jetspeed/portal/cms/Sites/destatis/Internet/DE/Content/Publikationen/Fachveroeffentlichungen/Arbeitsmarkt/QualitaetDerArbeit,property=file.pdf
- **Statistisches Bundesamt.** (05.01.2011). Erwerbstätige im Inland nach Wirtschaftssektoren. Deutschland. Zugriff am 07.02.2011 unter http://www.destatis.de/jetspeed/portal/cms/Sites/destatis/Internet/DE/Content/Statistiken/Zeitreihen/LangeReihen/Arbeitsmarkt/Content75/lrerw13a,templateId=renderPrint.psml
- **Steinbeck, John.** (o. J.). Zugriff am 13.04.2011 unter http://www.zitat-service.de/quotation/show/1207
- **Udris, Ivars / Frese, Michael.** (1999). Belastung und Beanspruchung. In: Hoyos, Carl Graf / Frey, Dieter (Hrsg.). Arbeits- und Organisationspsychologie. Ein Lehrbuch. (Angewandte Psychologie. Band 1). (S. 429-445). Weinheim: Psychologie Verlags Union
- **Ulich, Eberhard. (2001).** Arbeitspsychologie. (5. Aufl.). Stuttgart: Poeschel
- **Wiendieck, Gerd.** (1994). Arbeits- und Organisationspsychologie. Berlin – München: Quintessenz
- **Wittig-Goetz, Ulla.** (2008). Gesundheitsförderung und Gesundheitsmanagement in Unternehmen. Zugriff am 29.03.2011 unter http://www.boeckler.de/pdf/mbf_as_bfg_2008.pdf
- **Wendling, Jochen.** (2009). Werkzeugkasten für ein zukunftsorientiertes Betriebliches Gesundheitsmanagement (BGM). Oder die Antwort auf die Frage „Warum sich BGM für Unternehmen lohnt". Hamburg: Diplomica Verlag

- **World Health Organization.** (1986). Ottawa-Charta zur Gesundheitsförderung. Zugriff am 19.03.2011 unter http://www.euro.who.int/__data/assets/pdf_file/0006/129534/Ottawa_Charter_G.pdf
- **World Health Organization.** (2006). Constitution of the World Health Organization. Zugriff am 10.03.2011 unter http://www.who.int/governance/eb/who_constitution_en.pdf
- **Wunderer, Rolf / Dick, Petra.** (2007). Personalmanagement – Quo Vadis?. Analysen und Prognosen zu Entwicklungstrends. (5. Aufl.). Köln: Luchterhand
- **Zaugg, Robert J..** (2006). Diskussionspapier Nr. 9. Work-Life Balance. Ansatzpunkte für den Ausgleich zwischen Erwerbs- und Privatleben aus individueller, organisatorischer und gesellschaftlicher Sicht. In: WHL – Wissenschaftliche Hochschule Lahr (Hrsg.). Diskussionspapiere der WHL. Lahr. Zugriff am 09.04.2011 unter http://www.akad.de/fileadmin/akad.de/assets/PDF/WHL_Diskussionspapiere/WHL_Diskussionspapier_Nr_09.pdf

Autorenprofil

Inna Bode wurde 1989 geboren. Nach ihrem Abitur entschied sie sich für einen dualen Studiengang an der Hochschule der Bundesagentur für Arbeit. Den Bachelor-Studiengang „Arbeitsmanagement" schloss sie im Jahr 2011 erfolgreich ab. Seither ist sie als Arbeitsvermittlerin tätig. Durch den dual ausgerichteten Studiengang konnte die Autorin bereits während des Studiums erste Berufserfahrungen sammeln. U.a. absolvierte sie ein Betriebspraktikum in der Personalabteilung eines Unternehmens, wodurch ihr besonderes Interesse an den Themengebieten Personal und Gesundheitsförderung geweckt wurde.